КУВАР ЗА ПОЧЕТНИКЕ 2023 КУВАР ЗА КОНЗЕРВАЊЕ И ОЧУВАЊЕ

ТХЕ ФЛАВОРФУЛ ХАРВЕСТ. ПОЧЕТНИЧКО ПУТОВАЊЕ У КОНЗЕРВИРАЊЕ И КОНЗЕРВИРАЊЕ СА 100 ЖИВОПИСНИХ КУЛИНАРСКИХ КРЕАЦИЈА

НАЂА ПЕРОТИЋ

Соммарио

ВОЋЕ И ПРОИЗВОДИ ОД ВОЋА.................................8

1. Маслац од јабуке 9
2. Зачињени прстенови јабука 11
3. Зачињене јабуке од ракова 14
4. кисели краставци од диње 16
5. Чатни од наранче од бруснице 19
6. Чатни од манга 21
7. Манго сос 23
8. Мешани воћни коктел 25
9. Тиквице-ананас 28
10. Зачињена салса од бруснице 30
11. Манго салса 32
12. Салса од јабуке брескве 34

ФИЛЛИНГС...........................37

13. Пуњење пита од млевеног меса 38
14. Фил за питу од зеленог парадаjза 40

ПАРАДАЈЗ И ПРОИЗВОДИ ОД ПАРАДАЈЗА 42

15. Сос за шпагете без меса 43
16. Сос за шпагете са месом 46
17. Мексички парадаjз сос 49
18. Љути сос 51
19. Сос од кајенске паприке 53
20. Кечап од парадаjза 55
21. Цоунтри вестерн кечап 58
22. Блендер кечап 60
23. Љути парадаjз-бибер сос 63
24. Чиле салса 65
25. Томатилло зелена салса 67
26. Салса од парадаjз пасте 69
27. Салса од парадаjза 72
28. Парадаjз/зелена чили салса 74
29. Парадаjз тацо сос 76
30. Чиле цон царне 78

ПОВРЋЕ И ПРОИЗВОДИ ОД ПОВРЋА 80

31. Мешано поврће 81

32. Суццотасх 83

ФЕРМЕНТОВАНО И УКИСЕЉЕНО ПОВРЋЕ 85

33. КИСЕЛИ КРАСТАВЦИ КОПРА 86

34. Кисели купус 89

35. Кисели краставци од хлеба и путера 92

36. Свеже паковање киселих краставаца 94

37. Слатки краставци од корнишона 97

38. 14-дневни слатки краставци 100

39. Брзи слатки кисели краставци 102

40. Укисељене шпаргле 105

41. Укисељени пасуљ 107

42. Салата од три пасуља 109

43. Укисељена репа 112

44. Укисељена шаргарепа 115

45. Кисели карфиол/брисел 117

46. Чајоте и јицама слат 120

47. Хлеб и путер кисели јицама 123

48. Мариниране целе печурке 125

49. Укисељена бамија 128

50. Укисељени бисерни лук 130

51. Мариниране паприке 133

52. Укисељене паприке 136

53. Укисељене љуте паприке 138

54. Укисељене колутиће јалапењо паприке 141

55. Кисели колутови жуте паприке 144

56. Укисељени слатки зелени парадајз 146

57. Кисело мешано поврће 149

58. Укисељене тиквице од хлеба и путера 152

59. Ужитак од чајота и крушке 154

60. Пиццалилли 157

61. Ужитак од киселих краставаца 159

62. Сласт од киселог кукуруза 161

63. Укисељени зелени парадајз 164

64. Сос од киселог рена 166

65. Ужитак од киселог бибера и лука 168

66. Пикантни јицама сласт 170

67. Оштар укус парадајза 173

68. Без шећера у киселој репи 175

69. Слатки краставац краставац 178

70. Нарезани кисели краставци копра 181

71. Нарезане слатке киселе краставце 183

ЏЕМОВИ И ЖЕЛЕИ 185

72. Џем од јабука 186

73. Желе од јагоде и рабарбаре 188

74. Џем од боровница и зачина 190

75. Желе од грожђа и шљива 192

76. Златни желе од бибера 194

77. Намаз од брескве-ананаса 196

78. Расхлађени намаз од јабука 198

79. Намаз од грожђа за фрижидер 200

80. Желе од јабука без додатка пектина 202

81. Мармелада од јабука без додатка пектина 204

82. Желе од купине без додатог пектина 206

83. Желе од трешње са пектином у праху 208

84. Џем од трешања са пектином у праху 210

85. Џем од смокава са течним пектином 212

86. Желе од грожђа са пектином у праху 214

87. Џем од нане и ананаса са течним пектином 216

88. Мешани воћни желе са течним пектином 218

89. Желе од поморанџе 221

90. Зачињен желе од поморанџе 223

91. Мармелада од поморанџе 225

92. Конзерва од кајсије-наранџе 227

93. Џем од брескве са пектином у праху 229

94. Зачињени џем од боровнице и брескве 231

95. Мармелада од брескве и поморанџе 233

96. Џем од ананаса са течним пектином 235

97. Желе од шљива са течним пектином 237

98. Желе од дуње без додатка пектина 239

99. Џем од јагода са пектином у праху 241

100. Тутти-Фрутти Јам 243

ЗАКЉУЧАК 245

УВОД

закорачите у свет конзервирања и конзервирања са самопоуздањем користећи „Кувар за конзервирање и конзервирање за почетнике 2023." . Овај основни водич је препун свега што треба да знате да бисте кренули на пут очувања сезонских укуса и продужења рока трајања ваше омиљене хране. Са 100 рецепата у боји који приказују различите технике чувања и низ примамљивих укуса, ова књига је неопходна за свакога ко жели да сачува жетву и ужива у укусу домаће доброте.

• Научите основе: Уроните у основе конзервирања и конзервирања уз упутства која се лако прате и савете стручњака. Од одабира најсвежијих састојака и разумевања основне опреме до савладавања различитих метода чувања, ова кварица вас води на сваком кораку. Изградите своје самопоуздање и направите укусне конзерве, киселе краставце, џемове и још много тога.

• Сачувајте годишња доба: Ухватите суштину сваког годишњег доба тако што ћете сачувати живахне укусе воћа, поврћа и зачинског биља на свом врхунцу. Истражите рецепте који славе обиље природе, од љутих летњих сосова од парадајза до мирисних јесењих воћних џемова и издашних зимских супа од поврћа. Доживите радост уживања у сезонским укусима током целе године.

• Креативни и разноврсни рецепти: Проширите свој кулинарски репертоар са 100 рецепата у боји који показују свестраност конзервиране хране. Од слатких до сланих, истражите низ укусних креација као што су слатки чатнији, љути залогаји, љути воћни путери и уља са ароматичним биљем. Откријте нове начине да побољшате своје оброке и импресионирате своје вољене.

„Кувар за конзервирање и конзервирање за почетнике 2023" од је ваш основни пратилац на вашем путу очувања. Са 100 рецепата у боји и свеобухватним упутствима, ова књига вам омогућава да откријете тајне чувања хране и уживате у укусима домаће доброте. Реците збогом отпаду од хране и поздравите оставу испуњену укусним и хранљивим домаћим конзервама.

Започните своју авантуру у свету чувања хране! Наручите свој примерак књиге „Кувар за конзервирање и чување за почетнике 2023" данас и крените на укусно путовање очувања жетве. Са 100 рецепата у боји који ће инспирисати вашу креативност, моћи ћете да уживате у укусу домаћих конзерви током целе године. Не пропустите ову прилику да савладате уметност конзервирања и конзервирања - набавите свој примерак сада и почните да чувате укусе годишњих доба!

ВОЋЕ И ПРОИЗВОДИ ОД ВОЋА

1. Јабуков путер

Састојци:
- 8 фунти јабука
- 2 шоље јабуковаче
- 2 шоље сирћета
- 2-1/4 шоље белог шећера
- 2-1/4 шоље упакованог смеђег шећера
- 2 кашике млевеног цимета
- 1 кашика млевених каранфилића

Принос: око 8 до 9 пинти

Упутства:

a)   Оперите, уклоните петељке, четвртине и језгро воћа. Полако кувајте у јабуковачи и сирћету док не омекша. Протисните воће кроз цедиљку, млин за храну или цедиљку. Скувати воћну кашу са шећером и зачинима, често мешајући.

b)   Да бисте проверили да ли је готово, извадите кашику и држите је подаље од паре 2 минута. Готово је ако путер остане набијен на кашику. Други начин да се утврди када је путер довољно куван је да малу количину ставите на тањир. Када се руб течности не одвоји око ивице путера, спреман је за конзервирање. Напуните вруће у стерилне тегле од пола литре или пинте, остављајући 1/4-инчни простор.

c)   Обришите рубове тегли влажним чистим папирним убрусом. Подесите поклопце и процес.

2. Зачињени прстенови јабука

Састојци:
- 12 лбс чврсте киселе јабуке (максимални пречник, 2-1/2 инча)
- 12 шољица шећера
- 6 шоља воде
- 1-1/4 шоље белог сирћета (5%)
- 3 кашике целих каранфилића
- 3/4 шоље црвених врућих бомбона са циметом или
- 8 штапића цимета и
- 1 кашичица црвене боје за храну (опционо)

Принос: око 8 до 9 пинти

Упутства:

a)   Оперите јабуке. Да бисте спречили промену боје, огулите и исеците једну по једну јабуку. Одмах исеците попречно на кришке од 1/2 инча, уклоните језгро помоћу балера за дињу и уроните у раствор аскорбинске киселине.

b)   Да бисте направили сируп са укусом, помешајте шећер, воду, сирће, каранфилић, бомбоне са циметом или штапиће цимета и боју за храну у шерпи од 6 к. Промешајте, загрејте да проври и кувајте 3 минута.

c)   Јабуке оцедити, додати у врући сируп и кувати 5 минута. Напуните вруће тегле (по могућству са широким отвором) колутовима јабуке и врућим ароматизованим сирупом, остављајући 1/2-инчни простор.

d)   Уклоните ваздушне мехуриће и прилагодите простор за главу ако је потребно. Обришите рубове тегли влажним чистим папирним убрусом.

e)   Подесите поклопце и процес.

3. Зачињене јабуке од ракова

Састојци:

- 5 лбс јабука од ракова
- 4-1/2 шоље јабуковог сирћета (5%)
- 3-3/4 шоље воде
- 7-1/2 шоље шећера
- 4 кашичице целих каранфилића
- 4 штапића цимета
- Шест 1/2-инчних коцкица свежег корена ђумбира

Принос: око 9 пинти

Упутства:

а)   Уклоните латице цвета и оперите јабуке, али оставите стабљике причвршћене. Четири пута пробушите кожу сваке јабуке чачкалицом за лед или чачкалицом. Помешајте сирће, воду и шећер и пустите да проври.

b)   Додајте зачине везане у врећу за зачине или газу. Користећи бланчер или сито, урањајте 1/3 јабука одједном у кључајући раствор сирћета/сирупа на 2 минута. Ставите куване јабуке и врећицу зачина у чисту посуду од 1 или 2 галона и додајте врући сируп.

c)   Покријте и оставите да одстоји преко ноћи. Уклоните кесицу зачина, оцедите сируп у велику шерпу и поново загрејте до кључања. Напуните врује тегле са јабукама и врућим сирупом, остављајући 1/2-инчни простор. Уклоните ваздушне мехуриће и прилагодите простор за главу ако је потребно.

d)   Обришите рубове тегли влажним чистим папирним убрусом. Подесите поклопце и процес.

4. кисели краставци од диње

Састојци:
- 5 фунти коцкица диње од 1 инча
- 1 кашичица млевене црвене паприке
- 2 штапића цимета од једног инча
- 2 кашичице млевених каранфилића
- 1 кашичица млевеног ђумбира
- 4-1/2 шоље јабуковог сирћета (5%)
- 2 шоље воде
- 1-1/2 шоље белог шећера
- 1-1/2 шоље упакованог светло смеђег шећера

Принос: око 4 литре тегле

Упутства:

Први дан:

a) Оперите дињу и исеците на половине; уклонити семе. Исеците на кришке од 1 инча и огулите. Исеците траке меса на коцке од 1 инча.

b) Измерите 5 килограма комада и ставите у велику стаклену посуду. Ставите љуспице црвене паприке, штапиће цимета, каранфилић и ђумбир у врећицу зачина и чврсто завежите крајеве.

c) Комбинујте сирће и воду у лонцу од 4 литре. Доведите до кључања, а затим искључите топлоту. Додајте кесицу зачина у мешавину сирћета и воде и оставите да одстоји 5 минута, повремено мешајући. Прелијте врелим раствором сирћета и кесом зачина преко комада диње у чинији. Покријте пластичним поклопцем или омотом за храну и оставите да стоји преко ноћи у фрижидеру (око 18 сати).

Дан два:

d) Пажљиво сипајте раствор сирћета у велики лонац од 8 до 10 литара и доведите до кључања. Додајте шећер; промешати да се раствори. Додајте дињу и поново прокувајте. Смањите ватру и кувајте док комади диње не постану провидни (око 1 до 1-1/4 сата). Уклоните комаде диње у лонац средње величине, покријте и оставите по страни.

e) Преосталу течност ставити да проври и кувати још 5 минута. Вратите дињу у течни сируп и поново прокувајте. Резаном кашиком напуните вруће комаде диње у вруће тегле, остављајући простор од 1 инча. Покријте кипућим вручим сирупом, остављајући 1/2 инча простора.

f) Уклоните ваздушне мехуриће и прилагодите простор за главу ако је потребно. Обришите рубове тегли влажним чистим папирним убрусом. Подесите поклопце и процес.

5. Чатни од наранџе од бруснице

Састојци:

- 24 унце свежих целих брусница
- 2 шоље сецканог белог лука
- 2 шоље златног сувог грожђа
- 1-1/2 шоље белог шећера
- 1-1/2 шоље упакованог смеђег шећера
- 2 шоље белог дестилованог сирћета (5%)
- 1 шоља сока од поморанце
- 4 кашичице ољуштеног, наренданог свежег ђумбира
- 3 штапића цимета

Принос: око 8 тегли од пола литре

Упутства:

а)   Добро исперите бруснице. Комбинујте све састојке у великој холандској рерни. Доведите до кључања на јакој ватри; смањите топлоту и лагано крчкајте 15 минута или док бруснице не омекшају. Често мешајте како бисте спречили загоревање.

b)   Уклоните штапиће цимета и баците их. Напуните врући чатни у вруће тегле од пола литре, остављајући 1/2 инча простора.

c)   Уклоните ваздушне мехуриће и прилагодите простор за главу ако је потребно. Обришите рубове тегли влажним чистим папирним убрусом. Подесите поклопце и процес.

6. Манго цхутнеи

Састојци:

- 11 шољица или 4 фунте сецканог незрелог манга
- 2-1/2 шоље сецканог жутог лука
- 2-1/2 кашике нарендаог свежег ђумбира
- 1-1/2 кашике сецканог свежег белог лука
- 4-1/2 шоље шећера
- 3 шоље белог дестилованог сирћета (5%)
- 2-1/2 шоље златних сувог грожђа
- 1-1 кашичица соли за конзервирање
- 4 кашичице чили праха

Принос: око 6 пинта тегли

Упутства:

a)   Све производе добро оперите. Огулите, изрежите језгро и исеците манго на коцкице од 3/4 инча. Исецкајте коцкице манга у процесору хране, користећи 6 импулса од једне секунде по серији процесора за храну. (Не правити пире или исецкати превише ситно.)

b)   Руком ољуштите и исецкајте лук, исецкајте бели лук и нарендајте ђумбир. Помешајте шећер и сирће у лонцу од 8 до 10 литара. Доведите до кључања, и кувајте 5 минута. Додајте све остале састојке и поново прокувајте.

c)   Смањите топлоту и кувајте 25 минута, повремено мешајући. Напуните врући чатни у вруће тегле од пола литре, остављајући 1/2 инча простора. Уклоните ваздушне мехуриће и прилагодите простор за главу ако је потребно.

d)   Обришите рубове тегли влажним чистим папирним убрусом. Подесите поклопце и процес.

7. Манго сос

Састојци:

- 5-1/2 шоље или 3-1/4 лбс пире од манга
- 6 кашика меда
- 4 кашике флашираног лимуновог сока
- 3/4 шоље шећера
- 2-1/2 кашичице (7500 милиграма) аскорбинске киселине
- 1/8 кашичице млевеног цимета
- 1/8 кашичице млевеног мушкатног орашчића

Принос: око 6 тегли од пола литре

Упутства:

a) Оперите, огулите и одвојите месо манга од семенки. Месо манга исецкајте на комаде и измрвите у блендеру или процесору за храну док не постане глатко.

b) Комбинујте све састојке у холандској рерни или лонцу од 6 до 8 литара и загрејте на средње јакој ватри, уз непрекидно мешање, док смеша не достигне 200 ° Ф.

c) Смеша ће прскати док се загрева, па обавезно носите рукавице или рукавице за рерну да бисте избегли опекотине на кожи. Напуните врући сос у вруће тегле од пола литре, остављајући 1/4 инча простора.

d) Уклоните ваздушне мехуриће и прилагодите простор за главу ако је потребно. Обришите рубове тегли влажним чистим папирним убрусом. Подесите поклопце и процес.

8. Мешани воћни коктел

www.fearlessdining.com

Састојци:
- 3 лбс брескве
- 3 лбс крушке
- 1-1/2 лбс благо недозрело зелено грожђе без семена
- Тегла од 10 оз мараскино трешања
- 3 шоље шећера
- 4 шоље воде

Принос: око 6 пинти

Упутства:

a)   Грожђе оперите и оперите и држите у раствору аскорбинске киселине.

b)   Потопите зреле, али чврсте брескве, неколико по неколико, у кључалу воду на 1 до 1-1/2 минута да олабаве кожицу.

c)   Умочите у хладну воду и скините коре. Преполовите, уклоните коштице, исеците на коцке од 1/2 инча и држите у раствору са грожђем. Огулите крушке, преполовите их и ставите језгро.

d)   Исеците на коцке од 1/2 инча и држите у раствору са грожђем и бресквама.

e)   У шерпи помешати шећер и воду и ставити да проври. Оцедите мешано воће. Додајте 1/2 шоље врућег сирупа у сваку врућу теглу.

f)   Затим додајте неколико трешања и нежно напуните теглу мешаним воћем и још врућег сирупа, остављајући 1/2-инчни простор.

g)   Уклоните ваздушне мехуриће и прилагодите простор за главу ако је потребно. Обришите рубове тегли влажним чистим папирним убрусом.

h)   Подесите поклопце и процес.

9. Тиквице-ананас

Састојци:

- 4 литре нарезане на коцкице или исецкане тиквице
- 46 оз конзервираног незаслађеног сока од ананаса
- 1-1/2 шоље флашираног лимуновог сока
- 3 шоље шећера

Принос: око 8 до 9 пинти

Упутства:

а) Огулите тиквице и исеците их на коцкице од 1/2 инча или их исецкајте. Помешајте тиквице са осталим састојцима у великој шерпи и ставите да проври. Кухајте 20 минута.

b) Напуните вруће тегле врелом мешавином и течношћу за кување, остављајући 1/2-инчни простор. Уклоните ваздушне мехуриће и подесите простор за главу ако је потребно. Обришите рубове тегли влажним чистим папирним убрусом. Подесите поклопце и процес.

10. Зачињена салса од бруснице

Састојци:

- 6 шољица сецканог црвеног лука
- 4 сецкане велике паприке Серано
- 1-1/2 шоље воде
- 1-1/2 шоље јабуковог сирћета (5%)
- 1 кашика соли за конзервирање
- 1-1/3 шоље шећера
- 6 кашика меда од детелине
- 12 шољица (2-3/4 лбс) испраних, свежих целих брусница

Принос: око 6 пинта тегли

Упутства:

a) Комбинујте све састојке осим брусница у великој холандској рерни. Доведите до кључања на јакој ватри; мало смањити топлоту и лагано кувати 5 минута.

b) Додајте бруснице, мало смањите ватру и динстајте мешавину 20 минута, повремено мешајући да не загоре. Напуните врућу мешавину у вруће тегле, остављајући 1/4-инчни простор. Оставите лонац на лаганој ватри док пуните тегле.

c) Уклоните ваздушне мехуриће и прилагодите простор за главу ако је потребно. Обришите рубове тегли влажним чистим папирним убрусом. Подесите поклопце и процес.

11. Манго салса

Састојци:

- 6 шољица незрелог манга исеченог на коцкице
- 1-1/2 шоље црвене паприке исечене на коцкице
- 1/2 шоље сецканог жутог лука
- 1/2 кашичице млевених пахуљица црвене паприке
- 2 кашичице сецканог белог лука
- 2 кашичице сецканог ђумбира
- 1 шоља светло смеђег шећера
- 1-1/4 шоље јабуковог сирћета (5%)
- 1/2 шоље воде

Принос: око 6 тегли од пола литре

Упутства:

a)   Све производе добро оперите. Огулите и исецкајте манго на коцкице од 1/2 инча. Нарежите паприку на комаде од 1/2 инча. Жути лук исецкати.

b)   Комбинујте све састојке у холандској рерни или лонцу од 8 литара. Пустите да проври на јакој ватри, мешајући да се шећер раствори.

c)   Смањите на кључање и кувајте 5 минута. Напуните вруће чврсте материје у вруће тегле од пола литре, остављајући простор од 1/2 инча. Покријте вручом течношћу, остављајући 1/2 инча простора за главу.

d)   Уклоните ваздушне мехуриће и прилагодите простор за главу ако је потребно. Обришите рубове тегли влажним чистим папирним убрусом. Подесите поклопце и процес.

12. Салса од јабуке брескве

Састојци:

- 6 шољица сецканог ромског парадајза
- 2-1/2 шоље жутог лука исеченог на коцкице
- 2 шоље сецкане зелене паприке
- 10 шољица сецканих тврдих, незрелих брескви
- 2 шоље сецканих јабука Гранни Смитх
- 4 кашике мешаног зачина за кисељење
- 1 кашика соли за конзервирање
- 2 кашичице млевене црвене паприке
- 3-3/4 шоље (1-1/4 фунте) упакованог светло смеђег шећера
- 2-1/4 шоље јабуковог сирћета (5%)

Принос: око 7 пинта тегли

Упутства:

а)   Ставите зачин за кисељење на чист, двослојни, квадратни комад од 100% газе величине 6 инча. Спојите углове и повежите чистим концем. (Или користите купљену врећицу зачина од муслина).

b)   Оперите и огулите парадајз (опран парадајз ставите у кључалу воду на 1 минут, одмах ставите у хладну воду и скините кору).

c)   Исеците на комаде од 1/2 инча. Огулите, оперите и нарежите лук на комаде од 1/4 инча. Оперите паприке са језгром и сјеменкама; исеците на комаде од 1/4 инча.

d)   Комбинујте сецкани парадајз, лук и паприке у холандској рерни или лонцу од 8 или 10 литара. Оперите, огулите и огулите брескве; исеците на половине и потопите 10 минута у раствор аскорбинске киселине (1500 мг у пола галона воде).

e) Оперите, огулите јабуке и очистите их од језгре; исеците на половине и потопите 10 минута у раствор аскорбинске киселине.

f) Брзо исецкајте брескве и јабуке на коцке од 1/2 инча да бисте спречили поруменелост. У шерпу са поврћем додајте сецкане брескве и јабуке. Додајте кесу зачина за кисељење у лонац; умешајте со, љуспице црвене паприке, смеђи шећер и сирће.

g) Доведите до кључања, лагано мешајте да се састојци помешају. Смањите топлоту и кувајте 30 минута, повремено мешајући. Извадите врећицу зачина из тигања и баците је. Резаном кашиком сипајте чврсту салсу у вруће тегле, остављајући 1-1/4 инча простора за главу (око 3/4 фунте чврсте супстанце у свакој тегли).

h) Покријте течношћу за кување, остављајући 1/2-инчни простор.

i) Уклоните ваздушне мехуриће и прилагодите простор за главу ако је потребно. Обришите рубове тегли влажним чистим папирним убрусом. Подесите поклопце и процес.

ФИЛЛИНГС

13. Пуњење пита од млевеног меса

Састојци:

- 2 шоље сецканог сула
- 4 лбс млевене говедине или 4 лб млевене дивљачи и 1 лб кобасице
- 5 литара сецканих јабука
- 2 лбс тамних грожђица без семенки
- 1 лб белог сувог грожђа
- 2 литре јабуковаче
- 2 кашике млевеног цимета
- 2 кашичице млевеног мушкатног орашчића
- 5 шољица шећера
- 2 кашике соли

Принос: око 7 литара

Упутства:

a) Кувајте месо и клобук у води да не порумене. Огулите јабуке, језгро и четвртине. Ставите месо, соло и јабуке кроз млин за храну користећи средње сечиво.

b) Помешајте све састојке у великој шерпи и кувајте 1 сат или док се мало не згусне. Често мешајте.

c) Напуните вруће тегле мешавином без одлагања, остављајући 1-инчни простор.

d) Уклоните ваздушне мехуриће и прилагодите простор за главу ако је потребно. Обришите рубове тегли влажним чистим папирним убрусом.

e) Подесите поклопце и процес.

14. Пуњење за питу од зеленог парадајза

Састојци:

- 4 литре сецканог зеленог парадајза
- 3 литре ољуштених и сецканих киселих јабука
- 1 лб тамних грожђица без семенки
- 1 лб белог сувог грожђа
- 1/4 шоље млевене коре цитрона, лимуна или поморанце
- 2 шоље воде
- 2-1/2 шоље смеђег шећера
- 2-1/2 шоље белог шећера
- 1/2 шоље сирћета (5%)
- 1 шоља флашираног лимуновог сока
- 2 кашике млевеног цимета
- 1 кашичица млевеног мушкатног орашчића
- 1 кашичица млевених каранфилића

Принос: око 7 литара

Упутства:

a) Комбинујте све састојке у великом лонцу. Кувајте полако, често мешајући, док не омекша и мало се згусне (око 35 до 40 минута).

b) Напуните вруће тегле врелом мешавином, остављајући 1/2-инчни простор.

c) Уклоните ваздушне мехуриће и прилагодите простор за главу ако је потребно. Обришите рубове тегли влажним чистим папирним убрусом.

d) Подесите поклопце и процес.

ПАРАДАЈЗ И ПРОИЗВОДИ ОД ПАРАДАЈЗА

15. Сос за шпагете без меса

Састојци:
- 30 фунти парадајза
- 1 шоља сецканог лука
- 5 чена белог лука, млевено
- 1 шоља сецканог целера или зелене паприке
- 1 лб свежих печурака, нарезаних (опционо)
- 4-1/2 кашичице соли
- 2 кашике оригана
- 4 кашике млевеног першуна
- 2 кашичице црног бибера
- 1/4 шоље смеђег шећера
- 1/4 шоље биљног уља

Принос: око 9 пинти

Упутства:

a)   Не повећавајте удео лука, паприке или печурака. Оперите парадајз и потопите га у кључалу воду на 30 до 60 секунди или док се кора не поцепа. Умочите у хладну воду и скините коре. Уклоните језгро и четвртину парадајза.

b)   Кувајте 20 минута, без поклопца, у великом лонцу. Ставите кроз млин за храну или сито. На биљном уљу пропржите лук, бели лук, целер или паприку и печурке (по жељи) док не омекшају.

c)   Помешајте динстано поврће и парадајз и додајте остатак зачина, соли и шећера. Довести до кључања.

Крчкајте, непокривено, док не буде довољно густо за сервирање.

d) У овом тренутку почетни волумен ће бити смањен за скоро половину. Често мешајте да не загори. Напуните вруће тегле, остављајући 1-инчни простор.

e) Уклоните ваздушне мехуриће и прилагодите простор за главу ако је потребно. Обришите рубове тегли влажним чистим папирним убрусом.

f) Подесите поклопце и процес

16. Шпагети сос са месом

Састојци:

- 30 фунти парадајза
- 2-1/2 лбс млевене говедине или кобасице
- 5 чена белог лука, млевено
- 1 шоља сецканог лука
- 1 шоља сецканог целера или зелене паприке
- 1 лб свежих печурака, нарезаних (опционо)
- 4-1/2 кашичице соли
- 2 кашике оригана
- 4 кашике млевеног першуна
- 2 кашичице црног бибера
- 1/4 шоље смеђег шећера

Принос: око 9 пинти

Упутства:

a)   Да бисте припремили парадајз, пратите упутства за сос за шпагете без меса.

b)   Пржите говедину или кобасицу до смеђе боје. Додајте бели лук, лук, целер или зелену паприку и печурке по жељи. Кувајте док поврће не омекша. Комбинујте са пулпом од парадајза у великој шерпи.

c)   Додајте зачине, со и шећер. Довести до кључања. Крчкајте, непокривено, док не буде довољно густо за сервирање. У овом тренутку почетни волумен ће бити смањен за скоро половину. Често мешајте да не загори.

d)   Напуните вруће тегле, остављајући 1-инчни простор.

e)   Уклоните ваздушне мехуриће и прилагодите простор за главу ако је потребно. Обришите рубове тегли влажним чистим папирним убрусом.

f)   Подесите поклопце и процес.

17. Мексички парадајз сос

Састојци:
- 2-1/2 до 3 лбс чили паприке
- 18 фунти парадајза
- 3 шоље сецканог лука
- 1 кашика соли
- 1 кашика оригана
- 1/2 шоље сирћета

Принос: око 7 литара

Упутства:

a) Оперите и осушите чили. Сваку паприку прережите са стране како бисте омогућили да пара изађе.

b) Ставите паприке на горионик неколико минута док им кожица не постане пликова.

c) Након што љуске постану жуљеве, ставите паприке у тепсију и покријте влажном крпом. (Ово ће олакшати гуљење паприке.) Охладите неколико минута; скините коже. Одбаците семенке и исецкајте паприке.

d) Оперите парадајз и потопите га у кључалу воду на 30 до 60 секунди или док се кора не поцепа. Умочите у хладну воду, скините коре и уклоните језгро.

e) Грубо исецкајте парадајз и помешајте сецкане паприке и преостале састојке у великој шерпи. Довести до кључања. Џовер.

f) Смањите топлоту и кувајте 10 минута.

18. Љути сос

Састојци:

- 1-1/2 шоље паприке са семенкама, сецкане Серрано паприке
- 4 шоље дестилованог белог сирћета (5%)
- 2 кашичице соли за конзервирање
- 2 кашике целе мешавине зачина за кисељење

Принос: око 4 пола литре

Упутства:

a) Помешане зачине за кисељење ставите у кесицу зачина и чврсто завежите крајеве. Помешајте све састојке у холандској рерни или великом лонцу. Доведите до кључања, повремено мешајући. Кувајте још 20 минута, док парадајз не омекша. Протисните смешу кроз млин за храну.

b) Вратите течност у лонац, загрејте до кључања и кувајте још 15 минута.

c) Напуните врући сос у вруће тегле од пола литре, остављајући 1/4 инча простора. Уклоните ваздушне мехуриће и подесите простор за главу ако је потребно. Обришите рубове тегли влажним чистим папирним убрусом.

d) Подесите поклопце и процес.

19. Сос од кајенског бибера

Састојци:

- 3 лбс љуте паприке
- 1/3 шоље млевеног белог лука
- 4 шоље исеченог лука
- 1/3 шоље стабљике, сецканог коријандера
- 3 конзерве (28 унци свака) парадајза исеченог на коцкице
- 3 шоље јабуковог сирћета (5%)
- 2-1/2 шоље воде

Принос: око 5 пинти

Упутства:

a) Оперите, исеците и нарежите паприку и лук на колутиће, користећи секач за мандолине или машину за храну. У холандској рерни или лонцу од 10 литара помешајте све састојке. Доведите до кључања и кувајте 1 сат. Мало смањите топлоту и кувајте још 1 сат. Искључите топлоту и лагано охладите смешу.

b) Пасирајте поврће у блендеру око 2 минута по серији блендера. Вратите пасирану смесу у лонац и пажљиво прокухајте. Искључите топлоту.

c) Напуните врући сос у вруће тегле, остављајући 1/2 инча простора. Уклоните ваздушне мехуриће и прилагодите простор за главу ако је потребно. Обришите рубове тегли влажним чистим папирним убрусом.

d) Подесите поклопце и процес.

20. Парадајз кечап

Састојци:

- 24 лбс зрелог парадајза
- 3 шоље сецканог лука
- 3/4 кашичице млевене црвене паприке (кајен)
- 3 шоље јабуковог сирћета (5%)
- 4 кашичице целих каранфилића
- 3 штапића цимета, згњечена
- 1-1/2 кашичице целе алеве паприке
- 3 кашике семена целера
- 1-1/2 шоље шећера
- 1/4 шоље соли

Принос: 6 до 7 пинти

Упутства:

a)   Оперите парадајз. Потопите у кипућу воду 30 до 60 секунди или док се коре не поцепају. Потопите у хладну воду. Скините кожу и уклоните језгра. Четвртине парадајза у лонац од 4 галона или велики чајник. Додајте лук и црвену паприку. Пустите да проври и кувајте 20 минута без поклопца. Покријте, искључите топлоту и оставите да одстоји 20 минута.

b)   Комбинујте зачине у кесици зачина и додајте их у сирће у шерпи од 2 литре.

c)   Пустите да проври. Уклоните врећу зачина и помешајте мешавину сирћета и парадајза. Кувајте око 30 минута. Кувану смешу ставите кроз млин за храну или сито. Вратите се у лонац.

d) Додајте шећер и со, прокувајте лагано и често мешајте док се запремина не смањи за половину или док се смеса не заокружи на кашичици без раздвајања. Напуните тегле вруће пинце, остављајући 1/8 инча простора.

e) Уклоните ваздушне мехуриће и прилагодите простор за главу ако је потребно. Обришите рубове тегли влажним чистим папирним убрусом.

f) Подесите поклопце и процес.

21. Цоунтри вестерн кечап

Састојци:

- 24 лбс зрелог парадајза
- 5 чили паприка, исечених и очишћених од семена
- 1/4 шоље соли
- 2-2/3 шоље сирћета (5%)
- 1-1/4 шоље шећера
- 1/2 кашичице млевене црвене паприке (кајен)
- 4 кашичице паприке
- 4 кашичице целе алеве паприке
- 4 кашичице сувог сенфа
- 1 кашика целог бибера у зрну
- 1 кашичица семена сенфа
- 1 кашика ловоровог лишћа

Принос: 6 до 7 пинти

Упутства:

а) Пратите процедуру и време обраде за обичан кечап од парадајза.

22. Блендер кечап

Састојци:

- 24 лбс зрелог парадајза
- 2 лбс лука
- 1 лб слатке црвене паприке
- 1 лб слатке зелене паприке
- 9 шољица сирћета (5%)
- 9 шољица шећера
- 1/4 шоље соли за конзервирање или кисељење
- 3 кашике сувог сенфа
- 1-1/2 кашике млевене црвене паприке
- 1-1/2 кашичице целе алеве паприке
- 1-1/2 кашике целих каранфилића
- 3 штапића цимета

Принос: око 9 пинти

Упутства:

a) Оперите парадајз и потопите га у кључалу воду на 30 до 60 секунди или док се кора не поцепа. Затим умочите у хладну воду, скините коре, језгро и четвртине. Уклоните семенке са паприке и исеците на тракице. Огулите и исеците на четвртине лука.

b) Миксајте парадајз, паприку и лук на великој брзини 5 секунди у електричном блендеру. Сипајте у лонац од 3 до 4 галона или велики чајник и загрејте. Кувајте лагано 60 минута, често мешајући. Додајте сирће, шећер, со и кесицу зачина која садржи суви сенф, црвену паприку и друге зачине.

c) Наставите са кључањем и мешањем док се запремина не смањи за половину и док се кечап не заокружи на кашику без одвајања течности и чврсте материје. Уклоните врећу зачина и напуните вруће тегле, остављајући 1/8-инчни простор.

d) Уклоните ваздушне мехуриће и прилагодите простор за главу ако је потребно. Обришите рубове тегли влажним чистим папирним убрусом.

e) Подесите поклопце и пратите време процеса за обичан кечап.

23. Врући сос од парадајза и бибера

Састојци:

- 5 фунти парадајза
- 2 лбс чили паприке
- 1 лб лука
- 1 шоља сирћета (5%)
- 3 кашичице соли
- 1/2 кашичице бибера

Принос: око 6 до 8 пинти

Упутства:

a) Оперите парадајз и потопите га у кључалу воду на 30 до 60 секунди или док се кора не поцепа. Умочите у хладну воду, скините коре и уклоните језгро.

b) Грубо исецкајте парадајз и помешајте их са сецканим паприкама, луком и преосталим састојцима у великој шерпи. Загрејте да проври, смањите ватру и кувајте 10 минута. Напуните вруће тегле, остављајући 1/2-инчни простор.

c) Уклоните ваздушне мехуриће и подесите простор за главу ако је потребно. Обришите рубове тегли влажним чистим папирним убрусом.

d) Подесите поклопце и процес.

24. Чиле салса

Састојци:

- 10 шољица парадајза ољуштеног, очишћеног од језгре, сецканог парадајза
- 6 шољица сецканих, сецканих чили паприка
- 4 шоље сецканог лука
- 1 шоља сирћета (5%)
- 3 кашичице соли
- 1/2 кашичице бибера

Принос: око 7 до 9 пинти

Упутства:

a) Оперите парадајз и потопите га у кључалу воду на 30 до 60 секунди или док се кора не поцепа.

b) Умочите у хладну воду, скините коре и уклоните језгро. Комбинујте састојке у великом лонцу. Загрејте до кључања и кувајте 10 минута. Напуните врућу салсу у вруће тегле, остављајући 1/2 инча простора.

c) Уклоните ваздушне мехуриће и прилагодите простор за главу ако је потребно. Обришите рубове тегли влажним чистим папирним убрусом.

d) Подесите поклопце и процес.

25. Томатилло зелена салса

Састојци:

- 5 шољица сецканих парадајза
- 1-1/2 шоље исеченог, сецканог дугачког зеленог чилија
- 1/2 шоље семена, сецкане јалапењо паприке
- 4 шоље сецканог лука
- 1 шоља флашираног лимуновог сока
- 6 каранфилића белог лука, исецкан
- 1 кашика млевеног кима (опционо)
- 3 кашике листова оригана (опционо)
- 1 кашика соли
- 1 кашичица црног бибера

Принос: око 5 пинти

Упутства:

а)   Помешајте све састојке у великој шерпи и често мешајте на јакој ватри док смеса не почне да кључа, а затим смањите топлоту и кувајте 20 минута, повремено мешајући.

b)   Сипајте врућу салсу у вруће тегле, остављајући 1/2 инча простора.

c)   Уклоните ваздушне мехуриће и прилагодите простор за главу ако је потребно. Обришите рубове тегли влажним чистим папирним убрусом.

d)   Подесите поклопце и процес.

26. Салса од парадајз пасте

Састојци:

- 7 литара парадајза ољуштеног, очишћеног од језгре, сецканог парадајза
- 4 шоље семена, сецканог дугачког зеленог чилија
- 5 шољица сецканог лука
- 1/2 шоље семена, сецкане јалапењо паприке
- 6 каранфилића белог лука, исецкан
- 2 шоље флашираног сока од лимуна или лимете
- 2 кашике соли
- 1 кашика црног бибера
- 2 кашике млевеног кима (опционо)
- 3 кашике листова оригана (опционо)
- 2 кашике свежег коријандера (опционо)

Принос: око 16 до 18 пинти

Упутства:

a)   Оперите парадајз и потопите га у кључалу воду на 30 до 60 секунди или док се кора не поцепа. Умочите у хладну воду, скините коре и уклоните језгро.

b)   Помешајте све састојке осим кима, оригана и коријандера у великој шерпи и доведите до кључања, често мешајући, а затим смањите топлоту и кувајте 10 минута.

c)   Додајте зачине и динстајте још 20 минута, повремено мешајући. Напуните врућу салсу у вруће тегле, остављајући 1/2 инча простора.

d)   Уклоните ваздушне мехуриће и прилагодите простор за главу ако је потребно. Обришите рубове тегли влажним чистим папирним убрусом.

e)   Подесите поклопце и процес.

27. Парадајз салса

Састојци:

- 4 шоље парадајза ољуштеног, очишћеног од језгре, сецканог парадајза
- 2 шоље семена, сецканог дугачког зеленог чилија
- 1/2 шоље семена, сецкане јалапењо паприке
- 3/4 шоље сецканог лука
- 4 чена белог лука, исецкана
- 2 шоље сирћета (5%)
- 1 кашичица млевеног кима (опционо)
- 1 кашика листова оригана (опционо)
- 1 кашика свежег коријандера (опционо)
- 1-1/2 кашичице соли

Принос: око 4 пинте

Упутства:

a)   Оперите парадајз и потопите га у кључалу воду на 30 до 60 секунди или док се кора не поцепа. Умочите у хладну воду, скините коре и уклоните језгро.

b)   Помешајте све састојке у великом лонцу и доведите до кључања, често мешајући. Смањите топлоту и кувајте 20 минута, повремено мешајући.

c)   Напуните врућу салсу у вруће тегле, остављајући 1/2 инча простора.

d)   Уклоните ваздушне мехуриће и прилагодите простор за главу ако је потребно. Обришите рубове тегли влажним чистим папирним убрусом.

e)   Подесите поклопце и процес.

28. Парадајз/зелена чили салса

Састојци:

- 3 шоље ољуштеног парадајза са језгром, сецканог парадајза
- 3 шоље исеченог, сецканог дугачког зеленог чилија
- 3/4 шоље сецканог лука
- 1 јалапењо паприка, са сјеменкама, сецкана
- 6 каранфилића белог лука, исецкан
- 1-1/2 шоље сирћета (5%)
- 1/2 кашичице млевеног кима (опционо)
- 2 кашичице листова оригана (опционо)
- 1-1/2 кашичице соли

Принос: око 3 пинте

Упутства:

a)   Оперите парадајз и потопите га у кључалу воду на 30 до 60 секунди или док се кора не поцепа. Умочите у хладну воду, скините коре и уклоните језгро.

b)   Комбинујте све састојке у великој шерпи и загревајте, често мешајући, док смеса не проври. Смањите топлоту и кувајте 20 минута, повремено мешајући.

c)   Напуните врућу салсу у вруће тегле, остављајући 1/2 инча простора.

d)   Уклоните ваздушне мехуриће и подесите простор за главу ако је потребно. Обришите рубове тегли влажним чистим папирним убрусом.

e)   Подесите поклопце и процес.

29. Тацо сос од парадајза

Састојци:

- 8 литара ољуштеног парадајза са језгром, сецканог пасте
- 2 чена белог лука, згњечена
- 5 шољица сецканог лука
- 4 јалапењо паприке, са сјеменкама, сецкане
- 4 дуга зелена чилија, са сјеменкама, сецкана
- 2-1/2 шоље сирћета
- 2 кашике соли
- 1-1/2 кашике црног бибера
- 1 кашика шећера
- 2 кашике листова оригана (опционо)
- 1 кашичица млевеног кима (опционо)

Принос: око 16 до 18 пинти

Упутства:

a) Комбинујте састојке у великом лонцу. Пустите да проври, а затим смањите ватру и кувајте на лаганој ватри, често мешајући док се не згусне (око 1 сат).

b) Напуните врући сос у вруће тегле, остављајући 1/2-инчни простор.

c) Уклоните ваздушне мехуриће и прилагодите простор за главу ако је потребно. Обришите рубове тегли влажним чистим папирним убрусом.

d) Подесите поклопце и процес.

30. Чиле цон царне

Састојци:
- 3 шоље сушеног пинто или црвеног пасуља
- 5-1/2 шоље воде
- 5 кашичица соли (раздвојено)
- 3 лбс млевене говедине
- 1-1/2 шоље сецканог лука
- 1 шоља сецкане паприке по избору
- 1 кашичица црног бибера
- 3 до 6 кашика чилија у праху
- 2 литре згњеченог или целог парадајза

Принос: 9 пинти

Упутства:

a) Добро оперите пасуљ и ставите га у 2 кт. лонац. Додајте хладну воду до нивоа од 2 до 3 инча изнад пасуља и потопите 12 до 18 сати. Оцедите и баците воду.

b) Комбинујте пасуљ са 5-1/2 шоље свеже воде и 2 кашичице соли. Довести до кључања. Смањите топлоту и кувајте 30 минута. Оцедите и баците воду.

c) Смеђа млевена говедина, сецкани лук и паприка (по жељи), у тигању. Оцедите масноћу и додајте 3 кашичице соли, бибера, чили у праху, парадајз и оцеђени кувани пасуљ. Кухајте 5 минута. Опрез: Не згушњавати. Напуните вруће тегле, остављајући 1 инч простора за главу.

d) Уклоните ваздушне мехуриће и прилагодите простор за главу ако је потребно. Обришите рубове тегли влажним чистим папирним убрусом.

e) Подесите поклопце и процес.

ПОВРЋЕ И ПРОИЗВОДИ ОД ПОВРЋА

31. Мешано поврће

Састојци:

- 6 шољица нарезане шаргарепе
- 6 шољица исеченог кукуруза слатког од целог зрна
- 6 шољица сеченог зеленог пасуља
- 6 шољица ољуштеног лима пасуља
- 4 шоље целог или згњеченог парадајза
- 4 шоље тиквица исечених на коцкице

Принос: 7 литара

Упутства:

a) Осим тиквица, опрати и припремити поврће као што је претходно описано за свако поврће. Оперите, исеците и исецкајте тиквице или коцкице; помешајте све поврће у великом лонцу или чајнику и додајте довољно воде да прекрије комаде.

b) Додајте 1 кашичицу соли по литри у теглу, ако желите. Кувајте 5 минута и загрејте тегле са врућим комадима и течношћу, остављајући 1 инч простора.

c) Уклоните ваздушне мехуриће и прилагодите простор за главу ако је потребно. Обришите рубове тегли влажним чистим папирним убрусом.

d) Подесите поклопце и процес.

32. Суццотасх

Састојци:

- 15 лбс неољуштеног слатког кукуруза
- 14 лбс зрелих зелених махуна лима пасуља
- 2 литре згњеченог или целог парадајза

Принос: 7 литара

Упутства:

a)   Оперите и припремите свеже производе као што је претходно описано за одређено поврће.

b)   Вруће паковање—Сво припремљено поврће помешајте у великом чајнику са довољно воде да покрије комаде. Додајте 1 кашичицу соли у сваку врућу теглу, ако желите. Лагано кувајте сукоташ 5 минута и залијте вруће тегле са комадима и течношћу за кување, остављајући 1-инчни простор.

c)   Сирово паковање—Напуните вруће тегле једнаким деловима припремљеног поврћа, остављајући 1-инчни простор. Немојте трести или притискати делове. Додајте 1 кашичицу соли у сваку литарску теглу, ако желите. Додајте свежу кључалу воду, остављајући 1-инчни простор.

d)   Уклоните ваздушне мехуриће и прилагодите простор за главу ако је потребно. Обришите рубове тегли влажним чистим папирним убрусом.

e)   Подесите поклопце и процес.

ФЕРМЕНТОВАНО И УКИСЕЉЕНО ПОВРЋЕ

33. кисели краставци копра

Састојци:
- 4 фунте 4-инчног краставца за кисељење
- 2 кашике семена копра или 4 до 5 главица свежег или сувог копра
- 1/2 шоље соли
- 1/4 шоље сирћета (5%
- 8 шољица воде и један или више од следећих састојака:
- 2 чена белог лука (опционо)
- 2 суве црвене паприке (опционо)
- 2 кашичице целе мешавине зачина за кисељење

Упутства:
a) Оперите краставце. Одрежите комад цвета од 1/16 инча и баците га. Оставите 1/4 инча стабљике причвршћене. Ставите половину копра и зачина на дно чисте, одговарајуће посуде.

b) Додајте краставце, преостали копар и зачине. У сирћету и води растворите со и прелијте краставце.

c) Додајте одговарајући поклопац и тежину. Чувајте на температури између 70° и 75°Ф око 3 до 4 недеље током ферментације. Температуре од 55° до 65°Ф су прихватљиве, али ће ферментација трајати 5 до 6 недеља.

d) Избегавајте температуре изнад 80 ° Ф, или ће кисели краставци постати превише мекани током ферментације. Ферментирајући кисели краставци полако се лече. Проверавајте посуду неколико пута недељно и одмах уклоните површински шљам или буђ. Опрез: Ако кисели краставци постану мекани, љигави или имају непријатан мирис, баците их.

e) Потпуно ферментисани кисели краставци могу се чувати у оригиналном контејнеру око 4 до 6 месеци, под условом да су у фрижидеру и да се површински шљам и плесни редовно уклањају. Конзервирање потпуно ферментисаних киселих краставаца је бољи начин за њихово складиштење. Да бисте их конзервирали, сипајте расол у шерпу, лагано загрејте до кључања и кувајте 5 минута. Филтрирајте расол кроз папирне филтере за кафу да бисте смањили замућеност, ако желите.

f) Напуните врућу теглу киселим краставцима и врућим сланим раствором, остављајући 1/2-инчни простор.

g) Уклоните ваздушне мехуриће и прилагодите простор за главу ако је потребно. Обришите рубове тегли влажним чистим папирним убрусом.

h) Подесите поклопце и процес.

34. Кисели купус

Састојци:

- 25 фунти купуса
- 3/4 шоље соли за конзервирање или кисељење

Принос: око 9 литара

Упутства:

a)   Радите са око 5 фунти купуса одједном. Одбаците спољне листове. Исперите главе под хладном текућом водом и оцедите. Исеците главе на четвртине и уклоните језгра. Исеците или исеците на четвртину дебљине.

b)   Ставите купус у одговарајућу посуду за ферментацију и додајте 3 кашике соли. Добро промешајте, чистим рукама. Чврсто пакујте док сол не повуче сокове из купуса.

c)   Поновите сецкање, сољење и паковање док сав купус не буде у контејнеру. Уверите се да је довољно дубоко да му је обод најмање 4 или 5 инча изнад купуса. Ако сок не покрива купус, додајте прокувани и охлађени саламури (1-1/2 кашике соли на литру воде).

d)   Додајте плочу и тегове; покријте посуду чистим пешкиром. Чувати на 70 ° до 75 ° Ф током ферментације. На температурама између 70° и 75°Ф, краут ће бити потпуно ферментисан за око 3 до 4 недеље; на 60° до 65°Ф, ферментација може трајати 5 до 6 недеља. На температурама нижим од 60 ° Ф, краут можда неће ферментирати. Изнад 75°Ф, краут може постати мекан.

e)   Ако купус одмеравате кесом напуњеном са саламурим, немојте ометати посуду док се нормална ферментација не заврши (када престане мехурићи). Ако користите тегле као тежину, мораћете да проверавате шаргарепу два до три пута недељно и да уклоните шљам ако се створи. Потпуно ферментисани краут може се држати добро покривен у фрижидеру неколико месеци.

f)   Уклоните ваздушне мехуриће и прилагодите простор за главу ако је потребно. Обришите рубове тегли влажним чистим папирним убрусом. Подесите поклопце и процес.

35. Кисели краставци од хлеба и путера

Састојци:
- 6 фунти краставаца за кисељење од 4 до 5 инча
- 8 шољица танко исеченог лука
- 1/2 шоље соли за конзервирање или кисељење
- 4 шоље сирћета (5%)

- 4-1/2 шоље шећера
- 2 кашике семена сенфа
- 1-1/2 кашике семена целера
- 1 кашика млевене куркуме
- 1 шоља лимете за кисељење

Принос: око 8 пинти

Упутства:

a) Оперите краставце. Одрежите 1/16 инча краја цвета и одбаците. Исеците на кришке од 3/16 инча. Комбинујте краставце и лук у великој посуди. Посолите. Покријте са 2 инча здробљеним или коцкицама леда. Оставите у фрижидеру 3 до 4 сата, додајући још леда по потреби.

b) Комбинујте преостале састојке у великом лонцу. Кувајте 10 минута. Оцедити и додати краставце и лук и полако поново загревати до кључања. Напуните вруће тегле са кришкама и сирупом за кување, остављајући 1/2-инчни простор. Уклоните ваздушне мехуриће и прилагодите простор за главу ако је потребно. Обришите рубове тегли влажним чистим папирним убрусом.

c) Подесите поклопце и процес.

36. Свеже паковање киселих краставаца

Састојци:

- 8 фунти краставаца за кисељење од 3 до 5 инча
- 2 галона воде
- 1-1/4 шоље соли за конзервирање или кисељење
- 1-1/2 литре сирћета (5%)
- 1/4 шоље шећера
- 2 литре воде
- 2 кашике целе мешавине зачина за кисељење
- око 3 кашике целог семена сенфа (1 кашичица по тегли)
- око 14 глава свежег копра (1-1/2 главице по тегли од пола литре) или
- 4-1/2 кашике семена копра (1-1/2 кашичице по тегли)

Принос: око 7 до 9 пинти

Упутства:

a) Оперите краставце. Одрежите комад цвета од 1/16 инча и баците га, али оставите 1/4 инча стабљике причвршћене. Растворите 3/4 шоље соли у 2 галона воде. Прелити преко краставаца и оставити да одстоји 12 сати. Драин.

b) Комбинујте сирће, 1/2 шоље соли, шећер и 2 литре воде. Додајте мешане зачине за кисељење увезане у чисту белу крпу. Загрејати до кључања. Вруће тегле напуните краставцима.

c) Додајте 1 кашичицу семена сенфа и 1-1/2 главице свежег копра по литри. Покријте кипућим раствором за кисељење, остављајући 1/2 инча простора за главу. Уклоните ваздушне мехуриће и прилагодите простор за главу ако је потребно. Обришите рубове тегли влажним чистим папирним убрусом.

d) Подесите поклопце и процес.

37. Слатки краставци од корнишона

Састојци:

- 7 лбс краставаца (1-1/2 инча или мање)
- 1/2 шоље соли за конзервирање или кисељење
- 8 шољица шећера
- 6 шољица сирћета (5%)
- 3/4 кашичице куркуме
- 2 кашичице семена целера
- 2 кашичице целог мешаног зачина за кисељење
- 2 штапића цимета
- 1/2 кашичице коморача (опционо)
- 2 кашичице ваниле (опционо)

Принос: око 6 до 7 пинти

Упутства:

a)   Оперите краставце. Одрежите комад цвета од 1/16 инча и баците га, али оставите 1/4 инча стабљике причвршћене.

b)   Ставите краставце у велику посуду и покријте их кипућом водом. Шест до 8 сати касније, и поново другог дана, оцедите и покријте са 6 литара свеже кључале воде која садржи 1/4 шоље соли. Трећег дана оцедите и избоцкајте краставце столном виљушком.

c)   Помешајте и прокувајте 3 шоље сирћета, 3 шоље шећера, куркуме и зачине. Прелити преко краставаца. Шест до 8 сати касније, оцедите и сачувајте сируп за кисељење. Додајте још по 2 шоље шећера и сирћета и поново загрејте да проври. Прелити преко киселих краставаца.

d) Четвртог дана оцедити и сачувати сируп. Додајте још 2 шоље шећера и 1 шољу сирћета. Загрејати до кључања и прелити преко киселих краставаца. Оцедите и сачувајте сируп за кисељење 6 до 8 сати касније. Додајте 1 шољу шећера и 2 кашичице ваниле и загрејте до кључања.

e) Напуните вруће стерилне тегле са киселим краставцима и прелијте врућим сирупом, остављајући 1/2 инча простора.

f) Уклоните ваздушне мехуриће и прилагодите простор за главу ако је потребно. Обришите рубове тегли влажним чистим папирним убрусом.

g) Подесите поклопце и процес.

38. 14-дневни слатки кисели краставци

Састојци:
- 4 фунте краставаца за кисељење од 2 до 5 инча
- 3/4 шоље соли за конзервирање или кисељење
- 2 кашичице семена целера
- 2 кашике мешаних зачина за кисељење
- 5-1/2 шоље шећера
- 4 шоље сирћета (5%)

Принос: око 5 до 9 пинти

Упутства:

a)   Оперите краставце. Одрежите комад цвета од 1/16 инча и баците га, али оставите 1/4 инча стабљике причвршћене. Ставите целе краставце у одговарајућу посуду од 1 галона.

b)   Додајте 1/4 шоље соли за конзервирање или кисељење у 2 литре воде и доведите до кључања. Прелити преко краставаца. Додајте одговарајући поклопац и тежину.

c)   Ставите чист пешкир преко контејнера и држите температуру на око 70 ° Ф. Трећег и петог дана оцедити слану воду и бацити. Исперите краставце и вратите краставце у посуду. Додајте 1/4 шоље соли у 2 литре свеже воде и прокувајте. Прелити преко краставаца.

d)   Замените поклопац и тежину и поново покријте чистим пешкиром. Седмог дана исцедите слану воду и баците је. Исперите краставце, покријте и тежину.

39. Брзи слатки кисели краставци

Састојци:

- 8 фунти краставаца за кисељење од 3 до 4 инча
- 1/3 шоље соли за конзервирање или кисељење
- 4-1/2 шоље шећера
- 3-1/2 шоље сирћета (5%)
- 2 кашичице семена целера
- 1 кашика целе алеве паприке
- 2 кашике семена сенфа
- 1 шоља лимете за кисељење (опционо)

Принос: око 7 до 9 пинти

Упутства:

a) Оперите краставце. Одрежите 1/16 инча краја цвета и одбаците, али оставите 1/4 инча стабљике причвршћене. Нарежите или исеците на траке, по жељи. Ставите у посуду и поспите 1/3 шоље соли. Покријте са 2 инча здробљеног или коцкица леда.

b) Оставите у фрижидеру 3 до 4 сата. Додајте још леда по потреби. Добро оцедите.

c) Комбинујте шећер, сирће, семе целера, алеве паприке и семе сенфа у чајнику од 6 литара. Загрејати до кључања.

d) Вруће паковање—Додајте краставце и полако загревајте док раствор сирћета не проклуча. Повремено мешајте да бисте били сигурни да се смеша загрева равномерно. Напуните стерилне тегле, остављајући 1/2-инчни простор.

e) Сирово паковање—Напуните вруће тегле, остављајући 1/2-инчни простор. Додајте врући сируп за кисељење, остављајући 1/2-инчни простор.

f) Уклоните ваздушне мехуриће и прилагодите простор за главу ако је потребно. Обришите рубове тегли влажним чистим папирним убрусом.

g) Подесите поклопце и процес.

40. Укисељене шпаргле

Састојци:
- 10 лбс шпаргле
- 6 великих чена белог лука
- 4-1/2 шоље воде
- 4-1/2 шоље белог дестилованог сирћета (5%)
- 6 малих љутих папричица (опционо)
- 1/2 шоље соли за конзервирање
- 3 кашичице семена копра

Принос: 6 тегли са широким грлом

Упутства:

а)   Шпаргле добро, али нежно оперите под текућом водом. Одрежите стабљике одоздо да оставите копља са врховима да их убаците у теглу за конзервирање, остављајући мало више од 1/2 инча простора. Очистите и оперите чен белог лука.

b)   Ставите чен белог лука на дно сваке тегле и чврсто спакујте шпаргле у вруће тегле са тупим крајевима надоле. У шерпи од 8 литара помешајте воду, сирће, љуте паприке (опционо), со и семе мирођије.

c)   Довести до кључања. Ставите једну љуту папричицу (ако се користи) у сваку теглу преко копља шпарога. Прелијте кипућу врелу саламуру преко копља, остављајући 1/2 инча простора.

d)   Уклоните ваздушне мехуриће и прилагодите простор за главу ако је потребно. Обришите рубове тегли влажним чистим папирним убрусом.

e)   Подесите поклопце и процес.

41. Укисељени пасуљ

Састојци:

- 4 лбс свежег меког зеленог или жутог пасуља
- 8 до 16 глава свежег копра
- 8 чена белог лука (опционо)
- 1/2 шоље соли за конзервирање или кисељење

- 4 шоље белог сирћета (5%)
- 4 шоље воде
- 1 кашичица љуте црвене паприке (опционо)

Принос: око 8 пинти

Упутства:

а) Оперите и одрежите крајеве пасуља и исеците на дужине од 4 инча. У сваку врућу стерилну теглу ставите 1 до 2 главице копра и, по жељи, 1 чен белог лука. Ставите цео пасуљ усправно у тегле, остављајући 1/2-инчни простор.

b) Одрежите пасуљ да бисте га, ако је потребно, исправно. Комбинујте со, сирће, воду и бибер (по жељи). Довести до кључања. Додајте врући раствор у пасуљ, остављајући 1/2-инчни простор.

c) Уклоните ваздушне мехуриће и прилагодите простор за главу ако је потребно. Обришите рубове тегли влажним чистим папирним убрусом.

d) Подесите поклопце и процес.

42. Салата од три пасуља

Састојци:

- 1-1/2 шоље бланшираног зеленог/жутог пасуља
- 1-1/2 шоље конзервираног, оцеђеног, црвеног пасуља
- 1 шоља конзервираног, оцеђеног гарбанзо пасуља
- 1/2 шоље ољуштеног и танко исеченог лука
- 1/2 шоље исеченог и танко исеченог целера
- 1/2 шоље нарезане зелене паприке
- 1/2 шоље белог сирћета (5%)
- 1/4 шоље флашираног лимуновог сока
- 3/4 шоље шећера
- 1/4 шоље уља
- 1/2 кашичице соли за конзервирање или кисељење
- 1-1/4 шоље воде

Принос: око 5 до 6 пола литре

Упутства:

a) Оперите и откините крајеве свежег пасуља. Исеците или исеците на комаде од 1 до 2 инча.

b) Бланширајте 3 минута и одмах охладите. Исперите пасуљ водом из чесме и поново оцедите. Припремите и измерите све остало поврће.

c) Помешајте сирће, лимунов сок, шећер и воду и ставите да проври. Склоните са ватре.

d) Додајте уље и со и добро промешајте. У раствор додајте пасуљ, црни лук, целер и зелену паприку и пустите да проври.

e) Маринирајте 12 до 14 сати у фрижидеру, а затим загрејте целу смешу до кључања. Напуните вруће тегле чврстим материјалом. Додајте врућу течност, остављајући 1/2-инчни простор.

f) Уклоните ваздушне мехуриће и прилагодите простор за главу ако је потребно. Обришите рубове тегли влажним чистим папирним убрусом.

g) Подесите поклопце и процес.

43. Укисељена репа

Састојци:

- 7 функти цвекле пречника 2 до 2-1/2 инча
- 4 шоље сирћета (5%)
- 1-1/2 кашичице соли за конзервирање или кисељење
- 2 шоље шећера
- 2 шоље воде
- 2 штапића цимета
- 12 целих каранфилића
- 4 до 6 главица лука (пречника 2 до 2-1/2 инча),

Принос: око 8 пинти

Упутства:

a)   Одрежите врхове цвекле, остављајући 1 инч стабљике и корена да спречите крварење боје.

b)   Оперите темељно. Сортирај по величини. Покријте сличне величине заједно са кључалом водом и кувајте док не омекша (око 25 до 30 минута). Опрез: Оцедите и баците течност. Цоол цвекла. Обрезивање корена и стабљика и клизање коже. Нарежите на кришке од 1/4 инча. Очистите и ситно нарежите лук.

c)   Комбинујте сирће, со, шећер и свежу воду. Ставите зачине у кесу од газе и додајте у мешавину сирћета. Довести до кључања. Додајте цвеклу и лук. Кухајте 5 минута. Уклоните врећу зачина.

d)   Напуните вруће тегле цвеклом и луком, остављајући 1/2-инчни простор. Додајте врући раствор сирћета, остављајући 1/2 инча простора за главу.

e)   Уклоните ваздушне мехуриће и прилагодите простор за главу ако је потребно. Обришите рубове тегли влажним чистим папирним убрусом.

f)   Подесите поклопце и процес.

44. Кисела шаргарепа

Састојци:

- 2-3/4 лбс ољуштене шаргарепе
- 5-1/2 шоље белог сирћета (5%)
- 1 шоља воде
- 2 шоље шећера
- 2 кашичице соли за конзервирање
- 8 кашичица семена горушице
- 4 кашичице семена целера

Принос: око 4 пинте

Упутства:

a) Оперите и огулите шаргарепу. Исеците на кругове дебљине приближно 1/2 инча.

b) Комбинујте сирће, воду, шећер и со за конзервирање у холандској рерни или лонцу од 8 литара. Доведите до кључања и кувајте 3 минута. Додајте шаргарепу и поново прокувајте. Затим смањите ватру на лаганој ватри и загревајте до пола (око 10 минута).

c) У међувремену, ставите 2 кашичице семена сенфа и 1 кашичицу семена целера у сваку празну теглу од вруће литре. Напуните тегле вручом шаргарепом, остављајући 1-инчни простор. Напуните вручом течношћу за кисељење, остављајући 1/2-инчни простор.

d) Уклоните ваздушне мехуриће и прилагодите простор за главу ако је потребно. Обришите рубове тегли влажним чистим папирним убрусом.

e) Подесите поклопце и процес.

45. Кисели карфиол/брисел

Састојци:

- 12 шољица цвећа кариола од 1 до 2 инча или малих прокулица
- 4 шоље белог сирћета (5%)
- 2 шоље шећера
- 2 шоље танко исеченог лука
- 1 шоља слатке црвене паприке исечене на коцкице
- 2 кашике семена сенфа
- 1 кашика семена целера
- 1 кашичица куркуме
- 1 кашичица љуте црвене паприке језера

Принос: око 9 пола литре

Упутства:

a)   Оперите цветове карфиола или прокулице (уклоните стабљике и оштећене спољне листове) и кувајте у сланој води (4 кашичице соли за конзерве на галон воде) 3 минута за карфиол и 4 минута за прокулице. Оцедити и охладити.

b)   У великој шерпи помешајте сирће, шећер, лук, црвену паприку исецкану на коцкице и зачине. Доведите до кључања и кувајте 5 минута. Лук и паприку исецкану на коцкице распоредите по теглама. Напуните вруће тегле комадићима и раствором за кисељење, остављајући 1/2 инча простора за главу.

c)   Уклоните ваздушне мехуриће и прилагодите простор за главу ако је потребно. Обришите рубове тегли влажним чистим папирним убрусом.

d)   Подесите поклопце и процес.

46. Чајоте и јицама слат

Састојци:

- 4 шоље јулиеннеед јицама
- 4 шоље чајота са јулиеном
- 2 шоље сецкане црвене паприке
- 2 сецкане љуте паприке
- 2-1/2 шоље воде
- 2-1/2 шоље јабуковог сирћета (5%)
- 1/2 шоље белог шећера
- 3-1/2 кашичице соли за конзервирање
- 1 кашичица семена целера (опционо)

Принос: око 6 пола литре

Упутства:

a) Опрез: Носите пластичне или гумене рукавице и не дирајте лице док рукујете или сечете љуте паприке. Ако не носите рукавице, добро оперите руке сапуном и водом пре него што додирнете лице или очи.

b) Оперите, огулите и танко јулиенне јицама и чајоте, одбаците семе чајота. У холандској рерни или лонцу од 8 литара помешајте све састојке осим чајота. Доведите до кључања и кувајте 5 минута.

c) Смањите топлоту до кључања и додајте чајот. Вратите да проключа, а затим укључите топлоту. Напуните вруће чврсте материје у вруће тегле од пола литре, остављајући простор од 1/2 инча.

d) Покријте кипућом течношћу за кување, остављајући 1/2-инчни простор.

e) Уклоните ваздушне мехуриће и прилагодите простор за главу ако је потребно. Обришите рубове тегли влажним чистим папирним убрусом.

f) Подесите поклопце и процес.

47. Кисела јица од хлеба и путера

Састојци:

- 14 шољица јицама на коцкице
- 3 шоље танко исеченог лука
- 1 шоља сецкане црвене паприке
- 4 шоље белог сирћета (5%)
- 4-1/2 шоље шећера
- 2 кашике семена сенфа
- 1 кашика семена целера
- 1 кашичица млевене куркуме

Принос: око 6 пинти

Упутства:

a)   Комбинујте сирће, шећер и зачине у холандској рерни од 12 литара или великом лонцу. Промешајте и доведите до кључања. Умешајте припремљену џиму, кришке лука и црвену паприку. Вратите да проври, смањите ватру и кувајте 5 минута. Повремено мешајте.

b)   Напуните вруће чврсте материје у вруће тегле, остављајући 1/2-инчни простор. Покријте кипућом течношћу за кување, остављајући 1/2-инчни простор.

c)   Уклоните ваздушне мехуриће и прилагодите простор за главу ако је потребно. Обришите рубове тегли влажним чистим папирним убрусом.

d)   Подесите поклопце и процес.

48. Мариниране целе печурке

Састојци:

- 7 фунти малих целих печурака
- 1/2 шоље флашираног лимуновог сока
- 2 шоље маслиновог или салатног уља
- 2-1/2 шоље белог сирћета (5%)
- 1 кашика листова оригана
- 1 кашика осушених листова босиљка
- 1 кашика соли за конзервирање или кисељење
- 1/2 шоље сецканог лука
- 1/4 шоље пимиента исеченог на коцкице
- 2 чена белог лука, исеците на четвртине
- 25 зрна црног бибера

Принос: око 9 пола литре

Упутства:

a) Изаберите веома свеже неотворене печурке са капима мањим од 1-1/4 инча у пречнику. Оперите. Исеците стабљике, остављајући 1/4 инча причвршћене за капу. Додајте лимунов сок и воду да прекријете. Пустите да проври. Кухајте 5 минута. Оцедите печурке.

b) Помешајте маслиново уље, сирће, оригано, босиљак и со у шерпи. Умешајте лук и пимиенто и загрејте до кључања.

c) Ставите 1/4 чена белог лука и 2-3 зрна бибера у теглу од пола литре. Напуните вруће тегле са печуркама и врелим, добро измешаним раствором уља/сирћета, остављајући 1/2-инчни простор.

d) Уклоните ваздушне мехуриће и прилагодите простор за главу ако је потребно. Обришите рубове тегли влажним чистим папирним убрусом.

e) Подесите поклопце и процес.

49. Укисељена бамија

Састојци:

- 7 лбс малих махуна бамије
- 6 малих љутих паприка
- 4 кашичице семена копра
- 8 до 9 чена белог лука
- 2/3 шоље соли за конзервирање или кисељење
- 6 шоља воде
- 6 шољица сирћета (5%)

Принос: око 8 до 9 пинти

Упутства:

a) Оперите и одрежите бамију. Чврсто напуните вруће тегле целом бамијом, остављајући 1/2 инча простора. Ставите 1 чен белог лука у сваку теглу.

b) У великој шерпи помешајте со, љуте папричице, семе мирођије, воду и сирће и ставите да проври. Сипајте врели раствор за кисељење преко бамије, остављајући 1/2 инча простора.

c) Уклоните ваздушне мехуриће и прилагодите простор за главу ако је потребно. Обришите рубове тегли влажним чистим папирним убрусом.

d) Подесите поклопце и процес.

50. Укисељени бисерни лук

Састојци:

- 8 шољица ољуштеног белог бисерног лука
- 5-1/2 шоље белог сирћета (5%)
- 1 шоља воде
- 2 кашичице соли за конзервирање
- 2 шоље шећера
- 8 кашичица семена горушице
- 4 кашичице семена целера

Принос: око 3 до 4 пинте

Упутства:

a) Да бисте ољуштили лук, ставите неколико по неколико у жичану мрежу или цедиљку, потопите у кључалу воду на 30 секунди, а затим уклоните и ставите у хладну воду на 30 секунди. Одрежите кришку од 1/16 инча са краја корена, а затим уклоните кору и исеците 1/16 инча са другог краја лука.

b) Комбинујте сирће, воду, со и шећер у холандској рерни или лонцу од 8 литара. Доведите до кључања и кувајте 3 минута.

c) Додајте ољуштени лук и поново прокувајте. Смањите топлоту на лаганој ватри и загревајте до пола (око 5 минута).

d) У међувремену, ставите 2 кашичице семена сенфа и 1 кашичицу семена целера у сваку празну теглу од вруће литре. Напуните врућим луком, остављајући 1 инч простора. Напуните врућом течношћу за кисељење, остављајући 1/2-инчни простор.

e) Уклоните ваздушне мехуриће и прилагодите простор за главу ако је потребно. Обришите рубове тегли влажним чистим папирним убрусом.

f) Подесите поклопце и процес.

51. Мариниране паприке

Састојци:

- Звоно, мађарско, банана или јалапењо
- 4 лбс чврсте паприке
- 1 шоља флашираног лимуновог сока
- 2 шоље белог сирћета (5%)
- 1 кашика листова оригана
- 1 шоља маслиновог или салатног уља
- 1/2 шоље сецканог лука
- 2 чена белог лука, на четвртине (опционо)
- 2 кашике припремљеног рена (опционо)

Принос: око 9 пола литре

Упутства:

a) Изаберите своју омиљену паприку. Опрез: Ако изаберете љуте паприке, носите пластичне или гумене рукавице и не дирајте лице док рукујете или сечете љуте паприке.

b) Оперите, исеците два до четири прореза у свакој паприци и бланширајте у кипућој води или љуску на љутим папричицама са жилавом кором користећи један од ова два метода:

c) Метода рерне или бројлера за стварање пликова на кожици – Ставите паприке у загрејану рерну (400°Ф) или испод бројлера на 6 до 8 минута док се кожица не створи пликови.

d) Врхунска метода за стварање мехурића – Покријте врући горионик (било гасни или електрични) тешком жичаном мрежом.

e) Ставите паприке на горионик неколико минута док им кожица не постане пликова.

f) Након што љуске постану жуљеве, ставите паприке у тепсију и покријте влажном крпом. (Ово ће олакшати гуљење паприке.) Охладите неколико минута; кора од коже. Поравнајте целе паприке.

g) Помешајте све преостале састојке у шерпи и загрејте до кључања. Ставите 1/4 чена белог лука (опционо) и 1/4 кашичице соли у сваку врућу теглу од пола литре или 1/2 кашичице по литри. Вруће тегле напуните паприком. Додајте вруће, добро измешано уље/раствор за кисељење преко паприке, остављајући 1/2-инчни простор.

h) Уклоните ваздушне мехуриће и прилагодите простор за главу ако је потребно. Обришите рубове тегли влажним чистим папирним убрусом.

i) Подесите поклопце и процес.

52. Укисељене паприке

Састојци:

- 7 лбс чврсте паприке
- 3-1/2 шоље шећера
- 3 шоље сирћета (5%)
- 3 шоље воде
- 9 чена белог лука
- 4-1/2 кашичице соли за конзервирање или кисељење

Принос: око 9 пинти

Упутства:

a)   Паприке оперите, исеците на четвртине, уклоните језгро и семенке и исеците све мрље. Нарежите паприке на траке. Кувајте шећер, сирће и воду 1 минут.

b)   Додајте паприке и прокувајте. Ставите 1/2 чена белог лука и 1/4 кашичице соли у сваку врућу стерилну теглу од пола литре; дупло веће количине за тегле за литру.

c)   Додајте траке бибера и покријте врућом мешавином сирћета, остављајући 1/2 инча

53. Укисељене љуте паприке

Састојци:

- Мађарски, банана, чили, јалапењо
- 4 лбс љуте дуге црвене, зелене или жуте паприке
- 3 лбс слатке црвене и зелене паприке, помешане
- 5 шољица сирћета (5%)
- 1 шоља воде
- 4 кашичице соли за конзервирање или кисељење
- 2 кашике шећера
- 2 чена белог лука

Принос: око 9 пинти

Упутства:

a) Опрез: Носите пластичне или гумене рукавице и не дирајте лице док рукујете или сечете љуте паприке. Ако не носите рукавице, добро оперите руке сапуном и водом пре него што додирнете лице или очи.

b) Оперите паприке. Ако мале паприке оставе целе, нарежите на 2 до 4 прореза. Четвртине великих паприка.

c) Бланширајте у кипућој води или блистер коре на љутим папричицама са жилавом кором користећи један од ова два метода:

d) Метода рерне или бројлера за стварање пликова на кожици – Ставите паприке у загрејану рерну (400°Ф) или испод бројлера на 6 до 8 минута док се кожица не створи пликови.

e)   Врхунска метода за стварање мехурића – Покријте
врући горионик (било гасни или електрични) тешком
жичаном мрежом.

f)   Ставите паприке на горионик неколико минута док им
кожица не постане пликова.

g)   Након што љуске постану жуљеве, ставите паприке у
тепсију и покријте влажном крпом. (Ово ће олакшати
гуљење паприке.) Охладите неколико минута; кора од
коже. Поравнајте мале паприке. Четвртине великих
паприка. Напуните вруће тегле папрокама, остављајући
1/2-инчни простор.

h)   Помешајте и загрејте остале састојке до кључања и
кувајте 10 минута. Уклоните бели лук. Додајте врући
раствор за кисељење преко паприке, остављајући 1/2-
инчни простор.

i)   Уклоните ваздушне мехуриће и прилагодите простор
за главу ако је потребно. Обришите рубове тегли влажним
чистим папирним убрусом.

j)   Подесите поклопце и процес.

54. Укисељене колутиће јалапењо паприке

Састојци:

- 3 лбс јалапењо паприке
- 1-1/2 шоље лимете за кисељење
- 1-1/2 галона воде
- 7-1/2 шоље јабуковог сирћета (5%)
- 1-3/4 шоље воде
- 2-1/2 кашике соли за конзервирање
- 3 кашике семена целера
- 6 кашика семена горушице

Принос: око 6 пинта тегли

Упутства:

a) Опрез: Носите пластичне или гумене рукавице и не дирајте лице док рукујете или сечете љуте паприке.

b) Паприке добро оперите и нарежите на кришке дебљине 1/4 инча. Одбаците крај стабљике.

c) Помешајте 1-1/2 шоље креча за кисељење са 1-1/2 галона воде у посуди од нерђајућег челика, стакла или пластике за храну. Избегавајте удисање кречне прашине док мешате раствор воде и креча.

d) Потопите кришке бибера у воду са кречом, у фрижидеру, 18 сати, повремено мешајући (може се користити 12 до 24 сата). Оцедити раствор креча са намочених колутова паприке.

e) Паприке нежно али темељно исперите водом. Прелијте колутиће паприке хладном водом и потопите у фрижидер 1 сат. Оцедити воду из паприке. Поновите кораке испирања, намакања и одвођњавања још два пута. На крају темељно оцедите.

f) Ставите 1 кашику семена сенфа и 1-1/2 кашичице семена целера на дно сваке вруће тегле. Спакујте оцеђене колутиће паприке у тегле, остављајући 1/2 инча простора. Јабуково сирће, 1-3/4 шоље воде и со за конзерве прокувајте на јакој ватри. Врући раствор слане воде прелијте преко колутова бибера у теглама, остављајући 1/2 инча простора.

g) Уклоните ваздушне мехуриће и прилагодите простор за главу ако је потребно. Обришите рубове тегли влажним чистим папирним убрусом.

h) Подесите поклопце и процес.

55. Кисели колутови жуте паприке

Састојци:

- 2-1/2 до 3 лбс жуте (банане) паприке
- 2 кашике семена целера
- 4 кашике семена горушице
- 5 шољица јабуковог сирћета (5%)
- 1-1/4 шоље воде
- 5 кашичица соли за конзервирање

Принос: око 4 литре тегле

Упутства:

a)   Паприке добро оперите и уклоните петељку; исеците паприке на колутове дебљине 1/4 инча. Ставите 1/2 кашике семена целера и 1 кашику семена сенфа на дно сваке празне тегле за врућу литру.

b)   Напуните колутове бибера у тегле, остављајући 1/2 инча простора за главу. У холандској рерни или шерпи од 4 литре помешајте сирће, воду и со; загрејати до кључања. Покријте колутиће паприке кипућом течношћу за кисељење, остављајући 1/2 инча простора.

c)   Уклоните ваздушне мехуриће и прилагодите простор за главу ако је потребно. Обришите рубове тегли влажним чистим папирним убрусом.

d)   Подесите поклопце и процес.

56. Укисељени слатки зелени парадајз

Састојци:

- 10 до 11 фунти зеленог парадајза
- 2 шоље исеченог лука
- 1/4 шоље соли за конзервирање или кисељење
- 3 шоље смеђег шећера
- 4 шоље сирћета (5%)
- 1 кашика семена сенфа
- 1 кашика алеве паприке
- 1 кашика семена целера
- 1 кашика целих каранфилића

Принос: око 9 пинти

Упутства:

a) Оперите и исеците парадајз и лук. Ставите у посуду, поспите са 1/4 шоље соли и оставите да одстоји 4 до 6 сати. Драин. Загрејте и мешајте шећер у сирћету док се не раствори.

b) Повежите семе горушице, алеве паприке, семе целера и каранфилић у кесицу зачина. Додајте у сирће са парадајзом и луком. Ако је потребно, додајте минимум воде да прекрије комаде. Пустите да проври и кувајте 30 минута, мешајући по потреби да не загоре. Парадајз треба да буде мекан и провидан када се правилно кува.

c) Уклоните врећу зачина. Напуните врућу теглу чврстим материјама и покријте врелим раствором за кисељење, остављајући 1/2-инчни простор.

d) Уклоните ваздушне мехуриће и прилагодите простор за главу ако је потребно. Обришите рубове тегли влажним чистим папирним убрусом.

e) Подесите поклопце и процес.

57. Кисело мешано поврће

Састојци:

- 4 фунте краставаца за кисељење од 4 до 5 инча
- 2 лбс ољуштеног и ситног лука исеченог на четвртине
- 4 шоље сеченог целера (комади од 1 инча)
- 2 шоље ољуштене и исечене шаргарепе (комади од 1/2 инча)
- 2 шоље исечене слатке црвене паприке (комади од 1/2 инча)
- 2 шоље цветова карфиола
- 5 шољица белог сирћета (5%)
- 1/4 шоље припремљеног сенфа
- 1/2 шоље соли за конзервирање или кисељење
- 3-1/2 шоље шећера
- 3 кашике семена целера
- 2 кашике семена сенфа
- 1/2 кашичице целих каранфилића
- 1/2 кашичице млевене куркуме

Принос: око 10 пинти

Упутства:

a)   Комбинујте поврће, прекријте са 2 инча коцкица или здробљеног леда и ставите у фрижидер 3 до 4 сата. У котлу од 8 литара помешајте сирће и сенф и добро промешајте. Додајте со, шећер, семе целера, сенфа, каранфилић, куркуму. Довести до кључања. Поврће оцедити и додати у врућ раствор за кисељење.

b)   Покријте и полако пустите да проври. Оцедите поврће, али сачувајте раствор за кисељење. Напуните поврће у вруће стерилне тегле или вруће литре, остављајући 1/2-инчни простор. Додајте раствор за кисељење, остављајући 1/2-инчни простор.

c)   Уклоните ваздушне мехуриће и прилагодите простор за главу ако је потребно. Обришите рубове тегли влажним чистим папирним убрусом.

d)   Подесите поклопце и процес.

58. Укисељене тиквице од хлеба и путера

Састојци:

- 16 шољица свежих тиквица, нарезаних
- 4 шоље лука, танко исеченог
- 1/2 шоље соли за конзервирање или кисељење
- 4 шоље белог сирћета (5%)
- 2 шоље шећера
- 4 кашике семена горушице
- 2 кашике семена целера
- 2 кашичице млевене куркуме

Принос: око 8 до 9 пинти

Упутства:

a) Покријте кришке тиквица и лука са 1 инч воде и соли. Оставите да одстоји 2 сата и добро оцедите. Комбинујте сирће, шећер и зачине. Пустите да проври и додајте тиквице и лук. Крчкајте 5 минута и загрејте тегле са мешавином и раствором за кисељење, остављајући 1/2 инча простора.

b) Уклоните ваздушне мехуриће и прилагодите простор за главу ако је потребно. Обришите рубове тегли влажним чистим папирним убрусом.

c) Подесите поклопце и процес.

59. Ужитак од чајота и крушке

Састојци:

- 3-1/2 шоље ољуштеног чајота исеченог на коцкице
- 3-1/2 шоље ољуштених, коцкица Секел крушака
- 2 шоље сецкане црвене паприке
- 2 шоље сецкане жуте паприке
- 3 шоље сецканог лука
- 2 серано паприке, сецкане
- 2-1/2 шоље јабуковог сирћета (5%)
- 1-1/2 шоље воде
- 1 шоља белог шећера
- 2 кашичице соли за конзервирање
- 1 кашичица млевене алеве паприке
- 1 кашичица млевеног зачина за питу од бундеве

Принос: око 5 литара тегли

Упутства:

a)   Оперите, огулите и исеците чајот и крушке на коцке од 1/2 инча, одбацујући језгра и семенке. Исецкајте лук и паприке. Комбинујте сирће, воду, шећер, со и зачине у холандској рерни или великом лонцу. Доведите до кључања, мешајући да се шећер раствори.

b)   Додајте сецкани лук и паприке; вратите да проври и кувајте 2 минута, повремено мешајући.

c)   Додајте чајоте на коцкице и крушке; вратите на тачку кључања и загрејте. Напуните вруће чврсте материје у вруће тегле, остављајући 1-инчни простор. Покријте кипућом течношћу за кување, остављајући 1/2 инча простора за главу.

d)   Уклоните ваздушне мехуриће и прилагодите простор за главу ако је потребно. Обришите рубове тегли влажним чистим папирним убрусом.

e)   Подесите поклопце и процес.

60. Пиццалилли

Састојци:

- 6 шоља сецканог зеленог парадајза
- 1-1/2 шоље сецкане слатке црвене паприке
- 1-1/2 шоље сецкане зелене паприке
- 2-1/4 шоље сецканог лука
- 7-1/2 шоље сецканог купуса
- 1/2 шоље соли за конзервирање или кисељење
- 3 кашике целе мешавине зачина за кисељење
- 4-1/2 шоље сирћета (5%)
- 3 шоље смеђег шећера

Принос: око 9 пола литре

Упутства:

a) Оперите, исецкајте и помешајте поврће са 1/2 шоље соли. Прелијте топлом водом и оставите да стоји 12 сати. Оцедите и утисните у чисту белу крпу да уклоните сву могућу течност. Лабаво завежите зачине у кесу зачина и додајте их у комбиновано сирће и смеђи шећер и загрејте до кључања у тигању.

b) Додајте поврће и кувајте лагано 30 минута или док се запремина смесе не смањи за половину. Уклоните врећу зачина.

c) Напуните вруће стерилне тегле врелом мешавином, остављајући 1/2-инчни простор.

d) Уклоните ваздушне мехуриће и прилагодите простор за главу ако је потребно. Обришите рубове тегли влажним чистим папирним убрусом.

e) Подесите поклопце и процес.

61. Ужитак од киселих краставаца

Састојци:

- 3 литре сецканих краставаца
- По 3 шоље сецкане слатке зелене и црвене паприке
- 1 шоља сецканог лука
- 3/4 шоље соли за конзервирање или кисељење
- 4 шоље леда
- 8 шоља воде
- 2 шоље шећера
- По 4 кашичице семена сенфа, куркуме, целе паприке и целих каранфилића
- 6 шољица белог сирћета (5%)

Принос: око 9 пинти

Упутства:

a)   Додајте краставце, паприку, лук, со и лед у воду и оставите да одстоји 4 сата. Оцедите и поново покријте поврће свежом леденом водом још сат времена. Оцедите поново.

b)   Комбинујте зачине у врећици од зачина или газе. Додајте зачине у шећер и сирће. Загрејати до кључања и мешавином прелити поврће.

c)   Покријте и ставите у фрижидер 24 сата. Загрејте мешавину до кључања и врућу у вруће тегле, остављајући 1/2-инчни простор.

d)   Уклоните ваздушне мехуриће и прилагодите простор за главу ако је потребно. Обришите рубове тегли влажним чистим папирним убрусом.

e)   Подесите поклопце и процес.

62. Ужитак од киселог кукуруза

Састојци:

- 10 шољица свежег кукуруза целог зрна
- 2-1/2 шоље слатке црвене паприке исечене на коцкице
- 2-1/2 шоље слатке зелене паприке исечене на коцкице
- 2-1/2 шоље сецканог целера
- 1-1/4 шоље лука исеченог на коцкице
- 1-3/4 шоље шећера
- 5 шољица сирћета (5%)
- 2-1/2 кашике соли за конзервирање или кисељење
- 2-1/2 кашичице семена целера
- 2-1/2 кашике сувог сенфа
- 1-1/4 кашичице куркуме

Принос: око 9 пинти

Упутства:

a)   Кувајте класове 5 минута. Потопите у хладну воду. Изрежите цела зрна из клипа или користите шест замрзнутих паковања кукуруза од 10 унци.

b)   У шерпи помешајте паприке, целер, лук, шећер, сирће, со и семе целера.

c)   Пустите да проври и кувајте 5 минута, повремено мешајући. Помешајте сенф и куркуму у 1/2 шоље укуване мешавине. Додајте ову мешавину и кукуруз у врућу мешавину.

d)   Кувајте још 5 минута. По жељи, згусните мешавину пастом од брашна (1/4 шоље брашна помешаног са 1/4 шоље воде) и често мешајте. Напуните вруће тегле врелом мешавином, остављајући 1/2-инчни простор.

e)   Уклоните ваздушне мехуриће и прилагодите простор за главу ако је потребно. Обришите рубове тегли влажним чистим папирним убрусом.

f)   Подесите поклопце и процес.

63. Ужитак од киселог зеленог парадајза

Састојци:

- 10 лбс малих, тврдих зелених парадајза
- 1-1/2 лбс црвене паприке
- 1-1/2 лбс зелене паприке
- 2 лбс лука
- 1/2 шоље соли за конзервирање или кисељење
- 1 кт воде
- 4 шоље шећера
- 1 кт сирћета (5%)
- 1/3 шоље припремљене жуте сенф
- 2 кашике кукурузног шкроба

Принос: око 7 до 9 пинти

Упутства:

a) Оперите и крупно изрендајте или исецкајте парадајз, паприку и лук. Растворите со у води и прелијте поврће у великом котлу. Загрејте до кључања и кувајте 5 минута. Оцедити у цедилу. Вратите поврће у чајник.

b) Додајте шећер, сирће, сенф и кукурузни скроб. Промешати да се меша. Загрејте до кључања и кувајте 5 минута.

c) Напуните вруће стерилне тегле за пинту врућим укусом, остављајући 1/2-инчни простор.

d) Уклоните ваздушне мехуриће и прилагодите простор за главу ако је потребно. Обришите рубове тегли влажним чистим папирним убрусом.

e) Подесите поклопце и процес.

64. Сос од киселог рена

Састојци:

- 2 шоље (3/4 лб) свеже ренданог рена
- 1 шоља белог сирћета (5%)
- 1/2 кашичице соли за конзервирање или кисељење
- 1/4 кашичице аскорбинске киселине у праху

Принос: око 2 пола литре

Упутства:

a)   Опорост свежег рена бледи у року од 1 до 2 месеца, чак и када је у фрижидеру. Стога, правите само мале количине одједном.

b)   Корен рена темељно оперите и огулите браон спољашњу кожу. Огуљене корење можете изрендати у машини за храну или исећи на ситне коцкице и ставити кроз млин за храну.

c)   Комбинујте састојке и илл у стерилне тегле, остављајући 1/4-инчни простор.

d)   Тегле добро затворите и чувајте у фрижидеру.

65. Ужитак од киселог лука и бибера

Састојци:

- 6 шољица сецканог лука
- 3 шоље сецкане слатке црвене паприке
- 3 шоље сецкане зелене паприке
- 1-1/2 шоље шећера
- 6 шољица сирћета (5%), пожељно белог дестилованог
- 2 кашике соли за конзервирање или кисељење

Принос: око 9 пола литре

Упутства:

a)   Оперите и исецкајте поврће. Помешајте све састојке и лагано кувајте док се смеса не згусне и запремина се смањи за половину (око 30 минута).

b)   Напуните вруће стерилне тегле вручим укусом, остављајући 1/2 инча простора за главу и добро затворите.

c)   Чувати у фрижидеру и употребити у року од месец дана.

66. Зачињени укус јицама

Састојци:

- 9 шољица јицама исечених на коцкице
- 1 кашика целог мешаног зачина за кисељење
- 1 штапић цимета од два инча
- 8 шољица белог сирћета (5%)
- 4 шоље шећера
- 2 кашичице млевене црвене паприке
- 4 шоље жуте паприке исечене на коцкице
- 4-1/2 шоље црвене паприке исечене на коцкице
- 4 шоље сецканог лука
- 2 свеже љуте паприке (око 6 инча свака), исецкане и делимично очишћене од семена

Принос: око 7 пинта тегли

Упутства:

a)   Опрез: Носите пластичне или гумене рукавице и не дирајте лице док рукујете или сечете љуте паприке. Оперите, огулите и исеците јицама; коцке.

b)   Ставите зачин за кисељење и цимет на чист, двослојни, квадратни комад од 100% памучне газе величине 6 инча.

c)   Спојите углове и повежите чистим концем. (Или користите купљену вречицу зачина од муслина.)

d)   У холандској рерни или шерпи од 4 литре помешајте кесицу зачина за кисељење, сирће, шећер и млевену црвену паприку. Доведите до кључања, мешајући да се шећер раствори. Умутите циму исецкану на коцкице, слатку паприку, лук и љуте. Вратите смешу до кључања.

e) Смањите ватру и кувајте поклопљено на средње ниској ватри око 25 минута. Одбаците врећицу зачина. Напуните сластице у вруће тегле, остављајући 1/2 инча простора. Покријте врућом течношћу за кисељење, остављајући 1/2-инчни простор.

f) Уклоните ваздушне мехуриће и прилагодите простор за главу ако је потребно. Обришите рубове тегли влажним чистим папирним убрусом.

g) Подесите поклопце и процес.

67. Оштар укус парадајза

Састојци:

- 12 шољица сецканих парадајза
- 3 шоље сецкане јицама
- 3 шоље сецканог лука
- 6 шољица сецканог парадајза типа шљиве
- 1-1/2 шоље сецкане зелене паприке
- 1-1/2 шоље сецкане црвене паприке
- 1-1/2 шоље сецкане жуте паприке
- 1 шоља соли за конзервирање
- 2 литре воде
- 6 кашика целе мешавине зачина за кисељење
- 1 кашика млевене црвене паприке (опционо)
- 6 шољица шећера
- 6-1/2 шоље јабуковог сирћета (5%)

Принос: око 6 или 7 пинти

Упутства:

a) Уклоните љуске са парадајза и добро оперите. Очистите џиму и лук. Све поврће добро оперите пре сечења и сецкања.

b) Ставите сецкани парадајз, јикама, лук, парадајз и све паприке у холандску рерну или лонац од 4 литре. Растворити сол за конзервирање у води. Прелити преко припремљеног поврћа. Загрејати до кључања; кувати 5 минута.

c) Темељно оцедите кроз цедиљку обложену газом (док вода више не цури, око 15 до 20 минута).

d) Ставите зачин за кисељење и опционо језерце црвене паприке на чист, двослојни, квадратни комад од 6 инча

68. Укисељена репа без додавања шећера

Састојци:

- 7 фунти цвекле пречника 2 до 2-1/2 инча
- 4 до 6 главица лука (пречника 2 до 2-1/2 инча), по жељи
- 6 шољица белог сирћета (5 процената)
- 1-1/2 кашичице соли за конзервирање или кисељење
- 2 шоље Спленда
- 3 шоље воде
- 2 штапића цимета
- 12 целих каранфилића

Принос: око 8 пинти

Упутства:

a) Одрежите врхове цвекле, остављајући 1 инч стабљике и корена да спречите крварење боје. Оперите темељно. Сортирај по величини.

b) Покријте сличне величине заједно са кључалом водом и кувајте док не омекша (око 25 до 30 минута). Опрез: Оцедите и баците течност. Цоол цвекла.

c) Обрезивање корена и стабљика и клизање коже. Нарежите на кришке од 1/4 инча. Огулите, оперите и ситно нарежите лук.

d) Комбинујте сирће, со, Спленда® и 3 шоље свеже воде у великој холандској рерни. Везати штапиће цимета и каранфилић у врећицу од газе и додати у мешавину сирћета.

e) Довести до кључања. Додајте цвеклу и лук. Крчкати

f) 5 минута. Уклоните врећу зачина. Напуните врућу цвеклу и кришке лука у врће тегле, остављајући 1/2-инчни простор. Покријте кипућим раствором сирћета, остављајући 1/2-инчни простор.

g) Уклоните ваздушне мехуриће и прилагодите простор за главу ако је потребно. Обришите рубове тегли влажним чистим папирним убрусом.

h) Подесите поклопце и процес.

69. Слатки краставац краставац

Састојци:

- 3-1/2 лбс краставаца за кисељење
- кључале воде да покрију нарезане краставце
- 4 шоље јабуковог сирћета (5%)
- 1 шоља воде
- 3 шоље Спленда®
- 1 кашика соли за конзервирање
- 1 кашика семена сенфа
- 1 кашика целе алеве паприке
- 1 кашика семена целера
- 4 штапића цимета од једног инча

Принос: око 4 или 5 тегли

Упутства:

a)   Оперите краставце. Исеците 1/16-инча крајева цвета и баците их. Нарежите краставце на кришке дебљине 1/4 инча. Кришке краставца прелијте кључалом водом и оставите да одстоје 5 до 10 минута.

b)   Врућу воду оцедити и краставце прелити хладном водом. Пустите да хладна вода непрекидно тече преко кришки краставца или често мењајте воду док се краставци не охладе. Добро оцедите кришке.

c)   Помешајте сирће, 1 шољу воде, Спленда® и све зачине у холандској рерни или лонцу од 10 литара. Довести до кључања. У кључалу течност пажљиво додајте оцеђене кришке краставца и вратите да прокључа.

d)   Ставите по један штапић цимета у сваку празну врућу теглу, ако желите. Напуните кришке врућих киселих краставаца у вруће тегле, остављајући 1/2-инчни простор. Покријте кипућом сланом водом, остављајући 1/2 инча простора.

e)   Уклоните ваздушне мехуриће и прилагодите простор за главу ако је потребно. Обришите рубове тегли влажним чистим папирним убрусом.

f)   Подесите поклопце и процес.

70. Сушиљени кисели краставци копра

Састојци:

- 4 фунте (3 до 5 инча) краставаца за кисељење
- 6 шољица сирћета (5%)
- 6 шољица шећера
- 2 кашике соли за конзервирање или кисељење
- 1-1/2 кашичице семена целера
- 1-1/2 кашичице семена горушице
- 2 велика лука, танко нарезана
- 8 глава свежег копра

Принос: око 8 пинти

Упутства:

a)   Оперите краставце. Одрежите комад цвета од 1/16 инча и баците га. Исеците краставце на кришке од 1/4 инча. У великој шерпи помешајте сирће, шећер, со, целер и семенке сенфа. Доведите смешу до кључања.

b)   Ставите 2 кришке црног лука и 1/2 главице копра на дно сваке вруће тегле. Напуните вруће тегле кришкама краставца, остављајући 1/2-инчни простор.

c)   На врх додајте 1 кришку црног лука и 1/2 главице копра. Прелијте врели раствор за кисељење преко краставаца, остављајући 1/4 инча простора.

d)   Уклоните ваздушне мехуриће и прилагодите простор за главу ако је потребно. Обришите рубове тегли влажним чистим папирним убрусом.

e)   Подесите поклопце и процес.

71. Нарезане слатке киселе краставце

Састојци:

- 4 фунте (3 до 4 инча) краставаца за кисељење

Растварање раствора:

- 1 кт дестилованог белог сирћета (5%)
- 1 кашика соли за конзервирање или кисељење
- 1 кашика семена сенфа
- 1/2 шоље шећера

Сируп за конзервирање:

- 1-2/3 шоље дестилованог белог сирћета (5%)
- 3 шоље шећера
- 1 кашика целе алеве паприке
- 2-1/4 кашичице семена целера

Принос: око 4 до 5 пинти

Упутства:

a)   Оперите краставце и исеците 1/16 инча краја цвета и баците их. Исеците краставце на кришке од 1/4 инча. Помешајте све састојке за конзервирање сирупа у шерпи и доведите до кључања. Држите сируп врућим до употребе.

b)   У великом чајнику помешајте састојке за раствор за саламурење. Додајте исечене краставце, покријте и динстајте док краставци не промене боју из светле у тамно зелену (око 5 до 7 минута). Оцедите кришке краставца.

c)   Напуните вруће тегле и прелијте врућим сирупом за конзервирање остављајући 1/2-инчни простор.

d)   Уклоните ваздушне мехуриће и прилагодите простор за главу ако је потребно. Обришите рубове тегли влажним чистим папирним убрусом.

e)   Подесите поклопце и процес.

ЏЕМОВИ И ЖЕЛЕИ

72. Џем од јабука

Састојци:

- 2 шоље ољуштених, очишћених од језгре и сецканих крушака
- 1 шоља ољуштених, исецканих и исецканих јабука
- 6-1/2 шоље шећера
- 1/4 кашичице млевеног цимета
- 1/3 шоље флашираног лимуновог сока
- 6 оз течног пектина

Принос: око 7 до 8 пола литре

Упутства:

a) Здробите јабуке и крушке у великом лонцу и умешајте цимет.

b) Добро помешајте шећер и лимунов сок са воћем и доведите до кључања на јакој ватри уз стално мешање. Одмах умешајте пектин. Доведите до пуног кључања и кувајте јако 1 минут уз стално мешање.

c) Уклоните са ватре, брзо скините пену и напуните стерилне тегле остављајући простор од 1/4 инча. Обришите рубове тегли влажним чистим папирним убрусом.

d) Подесите поклопце и процес.

73. Желе од јагоде и рабарбаре

Састојци:

- 1-1/2 лбс црвених стабљика рабарбаре
- 1-1/2 литре зрелих јагода
- 1/2 кашичице путера или маргарина за смањење пене (опционо)
- 6 шољица шећера
- 6 оз течног пектина

Принос: око 7 пола литре

Упутства:

a) Оперите и исеците рабарбару на комаде од 1 инча и измешајте или самељите. Оперите, пеците и изгњечите јагоде, један по један слој, у шерпи.

b) Оба плода ставите у кесу за желе или дупли слој газе и нежно исцедите сок. Измерите 3-1/2 шоље сока у велику шерпу. Додајте путер и шећер, добро промешајте у сок.

c) Доведите до кључања на јакој ватри, непрестано мешајући. Одмах умешајте пектин. Доведите до пуног кључања и кувајте јако 1 минут уз стално мешање.

d) Уклоните са ватре, брзо скините пену и напуните стерилне тегле, остављајући 1/4-инчни простор. Обришите рубове тегли влажним чистим папирним убрусом.

e) Подесите поклопце и процес.

74. Џем од боровница и зачина

Састојци:

- 2-1/2 пинте зрелих боровница
- 1 кашика лимуновог сока
- 1/2 кашичице млевеног мушкатног орашчића или цимета
- 5-1/2 шоље шећера
- 3/4 шоље воде
- 1 кутија (1-3/4 оз) пектина у праху

Принос: око 5 пола литре

Упутства:

a) Оперите и добро изгњечите боровнице, један по један слој, у шерпи. Додајте лимунов сок, зачин и воду. Умешајте пектин и доведите до пуног кључања на јакој ватри, често мешајући.

b) Додајте шећер и вратите до пуног кључања. Чврсто кувајте 1 минут уз стално мешање.

c) Уклоните са ватре, брзо скините пену и напуните стерилне тегле, остављајући 1/4-инчни простор. Обришите рубове тегли влажним чистим папирним убрусом.

d) Подесите поклопце и процес.

75. Желе од грожђа и шљива

Састојци:

- 3-1/2 лбс зрелих шљива
- 3 лбс зрелог грожђа Џонцорд
- 1 шоља воде
- 1/2 кашичице путера или маргарина за смањење пене (опционо)
- 8-1/2 шоље шећера
- 1 кутија (1-3/4 оз) пектина у праху

Принос: око 10 пола литре

Упутства:

a)   Шљиве опрати и очистити од коштица; не љуштити. Шљиве и грожђе добро изгњечите, један по један слој, у шерпи са водом. Пустите да проври, поклопите и кувајте 10 минута.

b)   Процедите сок кроз кесу за желе или дупли слој газе. Измерите шећер и оставите на страну.

c)   Комбинујте 6-1/2 шоље сока са путером и пектином у великој шерпи. Доведите до кључања на јакој ватри уз стално мешање. Додајте шећер и вратите до пуног кључања. Чврсто кувајте 1 минут уз стално мешање.

d)   Уклоните са ватре, брзо скините пену и напуните стерилне тегле, остављајући 1/4-инчни простор. Обришите рубове тегли влажним чистим папирним убрусом.

e)   Подесите поклопце и процес.

76. Златни желе од бибера

Састојци:

- 5 шољица сецкане жуте паприке
- ½ шоље сецкане Серрано чили паприке
- 1-1/2 шоље белог дестилованог сирћета (5%)
- 5 шољица шећера
- 1 кесица (3 оз.) течног пектина

Принос: око 5 тегли од пола литре

Упутства:

a)   Све паприке темељно оперите; уклоните петељке и семенке са паприке. Слатке и љуте паприке ставите у блендер или процесор хране.

b)   Додати довољно сирћета да се паприке испасирају, па изгњечити у пире. Помешајте пире од бибера и сирћета и преостало сирће у шерпу од 8 или 10 литара. Загрејати до кључања; затим кувајте 10 минута да бисте издвојили укусе и боју.

c)   Уклоните са ватре и процедите кроз кесу са желеом у чинију. (Пожељна је врећица за желе; може се користити и неколико слојева газе.)

d)   Измерите 2-1/4 шоље процеђеног сока од бибера и сирћета назад у лонац. Мешајте шећер док се не раствори и вратите смешу да проври. Додајте пектин, вратите до пуног кључања и кувајте 1 минут уз стално мешање.

e)   Уклоните са ватре, брзо скините пену и сипајте у стерилне тегле, остављајући 1/4-инчни простор. Обришите рубове тегли влажним чистим папирним убрусом.

f)   Подесите поклопце и процес.

77. Намаз од брескве-ананаса

Састојци:

- 4 шоље оцеђене пулпе брескве
- 2 шоље оцеђеног незаслађеног здробљеног ананаса
- 1/4 шоље флашираног лимуновог сока
- 2 шоље шећера (опционо)

Принос: 5 до 6 пола литре

Упутства:

a) Темељно оперите 4 до 6 фунти чврстих, зрелих брескви. Добро оцедите. Огулите и уклоните коштице. Месо воћа самељите средњим или грубим сечивом или га изгњечите виљушком (не користите блендер).

b) Ставите млевено или згњечено воће у шерпу од 2 литре. Полако загревајте да пустите сок, непрестано мешајући, док воће не омекша.

c) Ставите кувано воће у кесу или цедиљку обложену са четири слоја газе. Оставите сок да капље око 15 минута. Сачувајте сок за желе или другу употребу.

d) Измерите 4 шоље оцеђене воћне пулпе за прављење намаза. Комбинујте 4 шоље пулпе, ананаса и лимуновог сока у шерпи од 4 литре. Додајте до 2 шоље шећера по жељи и добро промешајте. Загрејте и лагано кувајте 10 до 15 минута, довољно мешајући да спречите лепљење.

e) Брзо напуните вруће тегле, остављајући 1/4 инча простора. Обришите рубове тегли влажним чистим папирним убрусом.

f) Подесите поклопце и процес.

78. Расхлађени намаз од јабука

Састојци:

- 2 кашике желатина у праху без укуса
- 1 кт боца незаслађеног сока од јабуке
- 2 кашике флашираног лимуновог сока
- 2 кашике течног нискокалоријског заслађивача Боје за храну, по жељи

Принос: 4 пола литре

Упутства:

a) У шерпи омекшајте желатин у соку од јабуке и лимуна. Да бисте растворили желатин, доведите до пуног кључања и кувајте 2 минута. Склоните са ватре. По жељи умешајте заслађивач и боју за храну.

b) Напуните тегле, остављајући простор од 1/4 инча. Обришите рубове тегли влажним чистим папирним убрусом. Подесите поклопце. Немојте прерађивати нити замрзавати.

c) Чувати у фрижидеру и користити у року од 4 недеље.

79. Намаз од грожђа у фрижидеру

Састојци:

- 2 кашике желатина у праху без укуса
- 1 боца (24 оз) незаслађеног сока од грожђа
- 2 кашике флашираног лимуновог сока
- 2 кашике течног нискокалоријског заслађивача

Принос: 3 пола литре

Упутства:

a) У шерпи омекшајте желатин у соку од грожђа и лимуна. Доведите до пуног кључања да се желатин раствори. Кувајте 1 минут и склоните са ватре. Умешајте заслађивач.

b) Брзо напуните вруће тегле, остављајући 1/4 инча простора. Обришите рубове тегли влажним чистим папирним убрусом.

c) Подесите поклопце. Немојте прерађивати нити замрзавати.

d) Чувати у фрижидеру и користити у року од 4 недеље.

80. Желе од јабука без додатка пектина

Састојци:
- 4 шоље сока од јабуке
- 2 кашике процеђеног лимуновог сока, по жељи
- 3 шоље шећера

Прави 4 до 5 тегли од пола литре.

Упутства:

a) За припрему сока. Користите однос једне четвртине недозреле јабуке и три четвртине потпуно зрелог киселог воћа.

b) Сортирајте, оперите и уклоните крајеве стабљике и цветова; не паре или језгро. Исеците јабуке на мале комаде. Додајте воду, поклопите и ставите да проври на јакој ватри. Смањите топлоту и кувајте 20 до 25 минута или док јабуке не омекшају. Екстракт сока.

c) Да направи желе. Измерите сок од јабуке у чајник. Додајте лимунов сок и шећер и добро промешајте. Кувајте на јакој ватри до 8 °Ф изнад тачке кључања воде, или док мешавина желе не падне у лист са кашике.

d) Склоните са ватре; брзо скините пену. Одмах сипајте желе у вруће, стерилне тегле за конзервирање до $\frac{1}{4}$ инча од врха. Затворите и кувајте 5 минута у воденом купатилу.

81. Мармелада од јабука без додатка пектина

Састојци:

- 8 шољица танко исечених јабука
- 1 наранџа
- $1\frac{1}{2}$ шоље воде

- 5 шољица шећера
- 2 кашике лимуновог сока

Упутства:

a)   За припрему воћа. Изаберите киселе јабуке. Јабуке оперите, изрежите, исеците на четвртине и извадите језгро. Нарежите танко. Наранџу разрежите на четвртине, уклоните семенке и исеците је на танке кришке.

b)   За прављење мармеладе. Загрејте воду и шећер док се шећер не раствори. Додајте лимунов сок и воће. Кувати брзо, непрестано мешајући, на 9 °Ф изнад тачке кључања воде, или док се смеша не згусне. Склоните са ватре; ским.

c)   Одмах сипајте у вруће, стерилне тегле за конзервирање до $\frac{1}{2}$ инча од врха. Печат. Обрадите 5 минута у кључалу воденом купатилу.

d)   Прави 6 или 7 тегли од пола литре.

82. Желе од купине без додатог пектина

Састојци:

- 8 шољица сока од купине
- 6 шољица шећера

Упутства:

a) За припрему сока. Изаберите однос једне четвртине недозрелих бобица и три четвртине зрелог воћа. Сортирајте и оперите; уклоните све стабљике или капе. Бобичасто воће измрвити, додати воду, поклопити и ставити да проври на јакој ватри. Смањите топлоту и кувајте 5 минута. Екстракт сока.

b) Да направи желе. Измерите сок у чајник. Додајте шећер и добро промешајте. Кувајте на јакој ватри до 8 °Ф изнад тачке кључања воде или док мешавина желе не падне у лист са кашике.

c) Склоните са ватре; брзо скините пену. Одмах сипајте желе у вруће, стерилне тегле за конзервирање до $\frac{1}{4}$ инча од врха. Затворите и кувајте 5 минута у воденом купатилу са кључањем.

Прави 7 или 8 тегли од пола литре.

83. Желе од трешње са пектином у праху

Састојци:
- 3 ½ шоље сока од вишње
- 1 паковање пектина у праху
- 4 ½ шоље шећера

Упутства:

a) За припрему сока. Изаберите потпуно зреле трешње. Сортирајте, оперите и уклоните стабљике; не јаме. Вишње изгњечити, додати воду, поклопити, ставити да проври на јакој ватри. Смањите топлоту и кувајте 10 минута. Екстракт сока.

b) Да направи желе. Измерите сок у чајник. Додајте пектин и добро промешајте. Ставите на јаку ватру и уз стално мешање брзо доведите до пуног кључања које се не може мешати.

c) Додајте шећер, наставите да мешате и поново загрејте до пуног кључања. Чврсто кувајте 1 минут.

d) Склоните са ватре; брзо скините пену. Одмах сипајте желе у вруће, стерилне тегле за конзервирање до ¼ инча од врха. Затворите и кувајте 5 минута у воденом купатилу са кључањем.

Прави око шест тегли од 8 унци.

84. Џем од трешања са пектином у праху

Састојци:

- 4 шоље млевених трешања без коштица
- 1 паковање пектина у праху
- 5 шољица шећера

Упутства:

a)   За припрему воћа. Сортирајте и оперите потпуно зреле трешње; уклоните стабљике и коштице. Вишње самељите или ситно исецкајте.

b)   Да направим џем. Измерите претходно припремљене вишње у котлић. Додајте пектин и добро промешајте. Ставите на јаку ватру и уз стално мешање брзо доведите до пуног кључања са мехурићима по целој површини.

c)   Додајте шећер, наставите да мешате и поново загрејте до пуног кључања. Чврсто кувајте 1 минут уз стално мешање. Склоните са ватре; ским.

d)   Одмах сипајте у вруће, стерилне тегле за конзервирање до $\frac{1}{4}$ инча од врха. Затворите и ставите 5 минута у кључало водено купатило.

Прави 6 тегли од пола литре.

85. Џем од смокава са течним пектином

Састојци:

- 4 шоље здробљених смокава (око 3 фунте смокава)
- $\frac{1}{2}$ шоље лимуновог сока
- 7 $\frac{1}{2}$ шоље шећера
- $\frac{1}{2}$ боце течног пектина

Упутства:

a) За припрему воћа. Разврстајте и оперите потпуно зреле смокве; уклоните крајеве стабљика. Сломити или самлети воће.

b) Да направим џем. Ставите здробљене смокве и лимунов сок у чајник. Додајте шећер и добро промешајте. Ставите на јаку ватру и уз стално мешање доведите брзо до пуног кључања са мехурићима по целој површини. Чврсто кувајте 1 минут уз стално мешање.

c) Склоните са ватре. Умешајте пектин. Брзо скините пену. Одмах сипајте у вруће, стерилне тегле за конзервирање до $\frac{1}{4}$ инча од врха. Затворите и ставите 5 минута у кључало водено купатило.

Прави око 9 тегли од пола литре.

86. Желе од грожђа са пектином у праху

Састојци:

- 5 шољица сока од грожђа
- 1 паковање пектина у праху
- 7 шољица шећера

Упутства:

a) За припрему сока. Сортирајте, оперите и уклоните петељке са потпуно зрелог грожђа. Изгњечите грожђе, додајте воду, поклопите и ставите да проври на јакој ватри. Смањите топлоту и кувајте 10 минута. Екстракт сока..

b) Да направи желе. Измерите сок у чајник. Додајте пектин и добро промешајте. Ставите на јаку ватру и уз стално мешање брзо доведите до пуног кључања које се не може мешати.

c) Додајте шећер, наставите да мешате и поново доведите до пуног кључања. Чврсто кувајте 1 минут.

d) Склоните са ватре; брзо скините пену. Одмах сипајте желе у вруће, стерилне тегле за конзервирање до $\frac{1}{4}$ инча од врха. Затворите и кувајте 5 минута у воденом купатилу. Прави 8 или 9 тегли од пола литре.

87. Џем од нане и ананаса са течним пектином

Састојци:

- Један од 20 оз. може здробљени ананас $\frac{3}{4}$ шоље воде
- $\frac{1}{4}$ шоље лимуновог сока
- 7 $\frac{1}{2}$ шоље шећера
- 1 боца течног пектина $\frac{1}{2}$ кашичице екстракта нане

Неколико капи зелене боје

Упутства:

a) Ставите здробљени ананас у чајник. Додајте воду, лимунов сок и шећер. Добро промешати.

b) Ставите на јаку ватру и непрестано мешајући, брзо доведите до пуног кључања са мехурићима по целој површини. Чврсто кувајте 1 минут уз стално мешање. Склоните са ватре; додајте пектин, екстракт ароме и боју. Ским.

c) Одмах сипајте у вруће, стерилне тегле за конзервирање до $\frac{1}{4}$ инча од врха. Затворите и ставите 5 минута у кључало водено купатило.

Прави 9 или 10 тегли од пола литре.

88. Мешани воћни желе са течним пектином

Састојци:

- 2 шоље сока од бруснице
- 2 шоље сока од дуње
- 1 шоља сока од јабуке
- 7 ½ шоље шећера
- ½ боце течног пектина

Упутства:

a)   За припрему воћа. Сортирајте и оперите потпуно зреле бруснице. Додајте воду, поклопите и ставите да проври на јакој ватри. Смањите топлоту и кувајте 20 минута. Екстракт сока.

b)   Сортирајте и оперите дуњу. Уклоните крајеве стабљике и цветова; не паре или језгро. Нарежите врло танко или на мале комаде. Додајте воду, поклопите и ставите да проври на јакој ватри. Смањите топлоту и кувајте 25 минута. Екстракт сока.

c)   Јабуке сортирајте и оперите. Уклоните крајеве стабљике и цветова; не паре или језгро. Исећи на мале комаде. Додајте воду, поклопите и ставите да проври на јакој ватри. Смањите топлоту и кувајте 20 минута. Екстракт сока.

d)   Да направи желе. Измерите сокове у чајник. Умешајте шећер. Ставите на јаку ватру и уз стално мешање брзо доведите до пуног кључања које се не може мешати.

e)   Додајте пектин и вратите до пуног кључања. Чврсто кувајте 1 минут.

f)   Склоните са ватре; брзо скините пену. Одмах сипајте желе у вруће, стерилне тегле за конзервирање до $\frac{1}{4}$ инча од врха. Затворите и кувајте 5 минута у воденом купатилу са кључањем.

Прави девет или десет тегли од 8 унци.

89. Желе од наранџе

Састојци:

- 3 ¼ шоље шећера
- 1 шоља воде
- 3 кашике лимуновог сока ½ боце течног пектина
- Једна конзерва од 6 унци (¾ шоље) смрзнутог концентрованог сока од поморанџе

Упутства:

a)   Умешајте шећер у воду. Ставите на јаку ватру и уз стално мешање брзо доведите до пуног кључања које се не може мешати.

b)   Додајте лимунов сок. Чврсто кувајте 1 минут.

c)   Склоните са ватре. Умешајте пектин. Додајте одмрзнути концентровани сок од поморанџе и добро промешајте.

d)   Одмах сипајте желе у вруће, стерилне тегле за конзервирање до ¼ инча од врха. Затворите и кувајте 5 минута у воденом купатилу.

Прави 4 или 5 тегли од пола литре.

90. Зачињен желе од поморанџе

Састојци:

- 2 шоље сока од поморанце
- 1/3 шоље лимуновог сока
- 2/3 шоље воде
- 1 паковање пектина у праху
- 2 кашике наранџине коре, сецкане
- 1 кашичица целе алеве паприке
- ½ кашичице целих каранфилића
- 4 штапића цимета, дужине 2 инча
- 3 ½ шоље шећера

Упутства:

a) Помешајте сок од поморанце, лимунов сок и воду у великој шерпи.

b) Умешајте пектин.

c) Кору поморанце, алеве паприке, каранфилић и штапиће цимета лабаво ставите у чисту белу крпу, завежите канапом и додајте мешавину воћа.

d) Ставите на јаку ватру и уз стално мешање брзо доведите до пуног кључања које се не може мешати.

e) Додајте шећер, наставите да мешате и поново загрејте до пуног кључања. Чврсто кувајте 1 минут.

f) Склоните са ватре. Уклоните врећицу зачина и брзо скините пену. Одмах сипајте желе у вруће, стерилне тегле за конзервирање до ¼ инча од врха. Затворите и кувајте 5 минута у воденом купатилу са кључањем.

Прави 4 тегле од пола литре.

91. Мармелада од поморанџе

Састојци:

- ¾ шоље коре грејпфрута (½ грејпфрута)
- ¾ шоље коре поморанџе (1 поморанџа)
- 13/ шоље лимунове коре (1 лимун)
- 1 литра хладне воде
- Пулпа од 1 грејпфрута
- Пулпа од 4 поморанџе средње величине
- 2 шоље лимуновог сока
- 2 шоље кључале воде
- 3 шоље шећера

Упутства:

a) За припрему воћа. Оперите и огулите воће. Исеците кору на танке траке. Додајте хладну воду и динстајте у поклопљеном тигању док не омекша (око 30 минута). Драин.

b) Уклоните семенке и мембрану са ољуштеног воћа. Исеците воће на мале комаде.

c) За прављење мармеладе. Додајте кипућу воду у кору и воће. Додајте шећер и брзо прокувајте на 9 °Ф изнад тачке кључања воде (око 20 минута), често мешајући. Склоните са ватре; ским.

d) Одмах сипајте у вруће, стерилне тегле за конзервирање до ¼ инча од врха. Затворите и ставите 5 минута у кључало водено купатило.

Прави 3 или 4 тегле од пола литре.

92. Конзерва од кајсије-наранџе

Састојци:

- 3 ½ шоље сецканих оцеђених кајсија
- 1 ½ шоље сока од поморанџе
- Кора ½ поморанџе, исецкана
- 2 кашике лимуновог сока
- 3 ¼ шоље шећера
- ½ шоље сецканих ораха

Упутства:

a)   За припрему сувих кајсија. Кувајте кајсије откривене у 3 шоље воде док не омекшају (око 20 минута); оцедити и исецкати.

b)   Да сачувам. Комбинујте све састојке осим орашастих плодова. Кувајте на 9 °Ф изнад тачке кључања воде или док не постане густо, непрестано мешајући. Додајте орахе; добро промешати. Склоните са ватре; ским.

c)   Одмах сипајте у вруће, стерилне тегле за конзервирање до ¼ инча од врха. Затворите и ставите 5 минута у кључало водено купатило.

Прави око 5 тегли од пола литре.

93. Џем од брескве са пектином у праху

Састојци:

- 3 $\frac{3}{4}$ шоље здробљених брескви
- $\frac{1}{2}$ шоље лимуновог сока
- 1 паковање пектина у праху
- 5 шољица шећера

Упутства:

a) За припрему воћа. Сортирајте и оперите потпуно зреле брескве. Уклоните стабљике, коре и коштице. Згњечите брескве.

b) Да направим џем. Измерите здробљене брескве у чајник. Додајте лимунов сок и пектин; добро промешати. Ставите на јаку ватру и уз стално мешање доведите брзо до пуног кључања са мехурићима по целој површини.

c) Додајте шећер, наставите да мешате и поново загрејте до пуног кључања. Чврсто кувајте 1 минут уз стално мешање. Склоните са ватре; ским.

d) Одмах сипајте у вруће, стерилне тегле за конзервирање до $\frac{1}{4}$ инча од врха. Затворите и ставите 5 минута у кључало водено купатило.

Прави око 6 тегли од пола литре.

94. Зачињени џем од боровнице и брескве

Састојци:

- 4 шоље сецкане или млевене брескве
- 4 шоље боровница
- 2 кашике лимуновог сока
- $\frac{1}{2}$ шоље воде
- 5 $\frac{1}{2}$ шоље шећера
- $\frac{1}{2}$ кашичице соли
- 1 штап цимета
- $\frac{1}{2}$ кашичице целих каранфилића
- $\frac{1}{4}$ кашичице целе алеве паприке

Упутства:

a) За припрему воћа. Сортирајте и оперите потпуно зреле брескве; огулити и одстранити коштице. Брескве исецкајте или самељите.

b) Сортирајте, оперите и уклоните све стабљике свежих боровница.

c) Одмрзните смрзнуте бобице.

d) Да направим џем. Измерите воће у чајник; додајте лимунов сок и воду. Поклопите, прокувајте и кувајте 10 минута, повремено мешајући.

e) Додајте шећер и со; добро промешати. Додајте зачине везане у газу. Кувати брзо, уз стално мешање, до 9 °Ф изнад тачке кључања воде, или док се смеша не згусне.

f) Одмах сипајте у вруће, стерилне тегле за конзервирање до $\frac{1}{4}$ инча од врха. Затворите и ставите 5 минута у кључало водено купатило.

Прави 6 или 7 тегли од пола литре.

95. Мармелада од брескве и поморанце

Састојци:
- 5 шољица сецканих или млевених брескви
- 1 шоља сецкане или млевене поморанце

Упутства:

a) Кора 1 поморанце, исецкана 2 кашике лимуновог сока 6 шољица шећера

b) За припрему воћа. Сортирајте и оперите потпуно зреле брескве. Брескве исецкајте или самељите.

c) Уклоните кору, бели део и семенке са поморанце.

d) Исеците или самељите пулпу.

e) За прављење мармеладе. Измерите припремљено воће у котлић. Додајте преостале састојке и добро промешајте. Брзо прокувајте, стално мешајући на 9 °Ф изнад тачке кључања воде, или док се смеша не згусне. Склоните са ватре; ским.

f) Одмах сипајте у вруће, стерилне тегле за конзервирање до $\frac{1}{4}$ инча од врха. Затворите и ставите 5 минута у кључало водено купатило.

Прави 6 или 7 тегли од пола литре.

96. Џем од ананаса са течним пектином

Састојци:

- Једна конзерва од 20 унци смрвљеног ананаса
- 3 кашике лимуновог сока
- 3 $\frac{1}{4}$ шоље шећера
- $\frac{1}{2}$ боце течног пектина

Упутства:

a) Комбинујте сок од ананаса и лимуна у чајнику. Додајте шећер и добро промешајте. Ставите на јаку ватру и уз стално мешање доведите брзо до пуног кључања са мехурићима по целој површини.

b) Чврсто кувајте 1 минут уз стално мешање.

c) Склоните са ватре; умешајте пектин. Ским.

d) Пустите да одстоји 5 минута.

e) Одмах сипајте у вруће, стерилне тегле за конзервирање до $\frac{1}{4}$ инча од врха.

f) Затворите и ставите 5 минута у кључало водено купатило.

Прави 4 или 5 тегли од пола литре.

97. Желе од шљива са течним пектином

Састојци:

- 4 шоље сока од шљива
- 7 ½ шоље шећера
- ½ боце течног пектина

Упутства:

a)   За припрему сока. Разврстајте и оперите потпуно зреле шљиве и исеците их на комаде; не љуштити и не љуштити. Воће изгњечити, додати воду, поклопити и ставити да проври на јакој ватри. Смањите топлоту и кувајте 10 минута. Екстракт сока.

b)   Да направи желе. Измерите сок у чајник. Умешајте шећер. Ставите на јаку ватру и уз стално мешање брзо доведите до пуног кључања које се не може мешати.

c)   Додајте пектин; поново довести до пуног кључања. Чврсто кувати 1 минут.

d)   Склоните са ватре; брзо скините пену. Одмах сипајте желе у вруће, стерилне тегле за конзервирање до ¼ инча од врха. Затворите и кувајте 5 минута у воденом купатилу.

Прави 7 или 8 тегли од пола литре.

98. Желе од дуње без додатка пектина

Састојци:

- 3 ¾ шоље сока од дуње
- 1/3 шоље лимуновог сока
- 3 шоље шећера

Упутства:

a) За припрему сока. Изаберите пропорцију од око једне четвртине недозрелог воћа и три четвртине потпуно зрелог воћа. Сортирајте, оперите и уклоните стабљике и крајеве цветова; не паре или језгро. Дуњу нарежите веома танко или на ситне комаде.

b) Додајте воду, поклопите и ставите да проври на јакој ватри. Смањите топлоту и кувајте 25 минута. Екстракт сока.

c) Да направи желе. Измерите сок од дуње у чајник. Додајте лимунов сок и шећер. Добро промешати. Кувајте на јакој ватри до 8 °Ф изнад тачке кључања воде, или док мешавина желе не формира лист од кашике.

d) Склоните са ватре; брзо скините пену. Одмах сипајте желе у вруће, стерилне тегле за конзервирање до ¼ инча од врха. Затворите и кувајте 5 минута у воденом купатилу са кључањем.

Прави око четири тегле од 8 унци.

99. Џем од јагода са пектином у праху

Састојци:

- 5 ½ шоље здробљених јагода
- 1 паковање пектина у праху
- 8 шољица шећера

Упутства:

a) За припрему воћа. Сортирајте и оперите потпуно зреле јагоде; поново померите стабљике и капе. Црусх бобице.

b) Да направим џем. Измерите здробљене јагоде у чајник. Додајте пектин и добро промешајте. Ставите на јаку ватру и уз стално мешање брзо доведите до пуног кључања са мехурићима по целој површини.

c) Додајте шећер, наставите да мешате и поново загрејте до пуног кључања. Чврсто кувајте 1 минут уз стално мешање. Склоните са ватре; ским.

d) Одмах сипајте у вруће, стерилне тегле за конзервирање до ¼ инча од врха. Затворите и ставите 5 минута у кључало водено купатило.

Прави 9 или 10 тегли од пола литре.

100. Тутти-Фрутти цем

Састојци:

- 3 шоље сецканих или млевених крушака
- 1 велика поморанџа
- $\frac{3}{4}$ шоље оцеђеног здробљеног ананаса
- $\frac{1}{4}$ шоље сецканих мараскино трешања
- $\frac{1}{4}$ шоље лимуновог сока
- 1 паковање пектина у праху
- 5 шољица шећера

Упутства:

a)   За припрему воћа. Разврстајте и оперите зреле крушке; паре и језгро. Крушке исецкајте или самељите. Огулите поморанџу, уклоните семенке и исецкајте или самељите пулпу.

b)   Да направим џем. Измерите сецкане крушке у чајник. Додајте сок од поморанџе, ананаса, трешања и лимуна. Умешајте пектин.

c)   Ставите на јаку ватру и уз стално мешање брзо доведите до пуног кључања са мехурићима по целој површини.

d)   Додајте шећер, наставите да мешате и поново загрејте до пуног кључања. Чврсто кувајте 1 минут уз стално мешање. Склоните са ватре; ским.

e)   Одмах сипајте у вруће, стерилне тегле за конзервирање до $\frac{1}{4}$ инча од врха. Затворите и ставите 5 минута у кључало водено купатило.

Прави 6 или 7 тегли од пола литре.

ЗАКЉУЧАК

Ова куварица садржи многе нове препоруке засноване на истраживању за конзервирање сигурније и квалитетније хране код куће. То је књига од непроцењиве вредности за особе које први пут конзервирају храну. Искусни произвођачи конзерви ће пронаћи ажуриране информације које ће им помоћи да побољшају своју праксу конзервирања.

Ingram Content Group UK Ltd.
Milton Keynes UK
UKHW020610190723
425408UK00009B/45